한국어 초급 1 개정판

열려라!
한국어 1
워크북

순천향대학교 한국어교육원 지음

초급

보고사
BOGOSA

집필 및 개정

순천향대학교 한국어교육원 강사진 공동집필

일러스트

초판 : 순천향대학교 예술학부 애니메이션전공 이재빈 학생
개정판 : 순천향대학교 영화애니메이션학과 박초은 학생

한국어 초급 1 개정판

열려라! 한국어 1 워크북

초판 발행   2009년 12월 18일
개정판 발행   2018년 3월 5일

지은이 SCH 순천향대학교 한국어교육원
발행인 김홍국
발행처 도서출판 보고사

등록 1990년 12월 13일 제6-0429호
주소 경기도 파주시 회동길 337-15 2층
전화 031-955-9797(대표),
       02-922-5120~1(편집), 02-922-2246(영업)
팩스 02-922-6990
메일 kanapub3@naver.com
http://www.bogosabooks.co.kr

ISBN 979-11-5516-773-1
      979-11-5516-771-7 (세트)
ⓒ 순천향대학교 한국어교육원, 2018

정가 14,000원

음원파일 다운   http://sgee.sch.ac.kr/mp3down
            http://www.bogosabooks.co.kr 자료실

한국어를 배우는 외국인의 수가 나날이 증가하고 있습니다. 이에 맞춰 한국어와 한국문화 교재도 다수 개발되고 있습니다. 이 중 가장 좋은 교재는 교육 여건과 학습자의 특성에 맞게 개발된 것이라 할 수 있습니다. 이미 편찬되어 있는 많은 교재의 장점에도 불구하고, 이번에 본원이 개정판을 출간한 이유입니다.

순천향대학교 한국어교육원에서는 8년 전 『한국어 초급 1』을 발간하였습니다. 지난 8년 동안 『한국어 초급 1』은 한국어를 시작하는 많은 학생들에게 길라잡이가 되어 왔지만, 시대 흐름과 교육 환경 변화에 따라 대폭적인 교재 정비 작업이 필요하게 되었습니다. 사례 개발과 어휘 정비, 꼼꼼한 수정 작업, 시범 강의를 거치며 일년여의 시간을 공들인 끝에 개정판 『열려라! 한국어 1』을 출간하게 되었습니다.

『열려라! 한국어 1』은 무엇보다 한국어를 외국어로 배우는 학생들의 의사소통 능력 신장을 목표로 하였습니다. 어휘를 특성에 따라 재배열함으로써 효과적으로 어휘를 익힐 수 있도록 하였고, 요즘 젊은이들의 일상 모습을 교재 곳곳에 배치함으로써 자연스럽게 말하기 능력이 신장되도록 하였습니다. 또한 통합 교재의 장점을 최대한 살려, 말하기, 듣기, 읽기, 쓰기 능력이 고루 성장될 수 있도록 구성했습니다. 목표어에 대한 지식이 부족한 초급 학습자들이 쉽게 공부할 수 있도록 내용을 시각화하고 명료화하는 데 중점을 둔 점도 본 교재의 큰 장점입니다. 본 교재를 통하여 한국어 학습자들이 좀 더 쉽고 재미있게 공부하고, 강의자 역시 수월하고 효과적으로 가르칠 수 있을 것이라 생각합니다. 이러한 교육이 순천향대학교 한국어교육원이 지향하는 교육 체계와 목표에 부응하도록 했습니다. 의사소통 능력 향상,

통합 교육 체계 지향은 적지 않은 한국어교육원들이 지닌 목표이기도 합니다. 본원의 교재는 이러한 한국어교육원의 교재로도 손색이 없을 것이라 자부합니다.

이 책이 개정되기까지 많은 분들이 노고와 배려를 아끼지 않으셨습니다. 한국어교육원의 발전을 위해 깊은 관심을 보내주신 서교일 총장님, 언제나 애정과 열정으로 애쓰시는 유병욱 국제교류처장님, 교육지원팀 여러분께 진심으로 감사드립니다. 무엇보다 한국어교육원 모든 선생님들의 노고와 헌신, 진심어린 조언이 없었다면 개정판이 완성될 수 없었을 것입니다. 한국어교육원의 모든 선생님들께 깊은 감사를 드립니다. 마지막으로 디자인 및 편집과 출판을 맡아 주신 도서출판 보고사에도 감사의 마음을 전합니다.

한국어 교육의 지속적인 발전을 위해 순천향대학교 한국어교육원도 더욱 노력하겠습니다. 여러분들의 따뜻한 관심과 응원을 부탁드립니다.

2018년 1월
순천향대학교 한국어교육원장 정윤경

차 례

한글 익히기

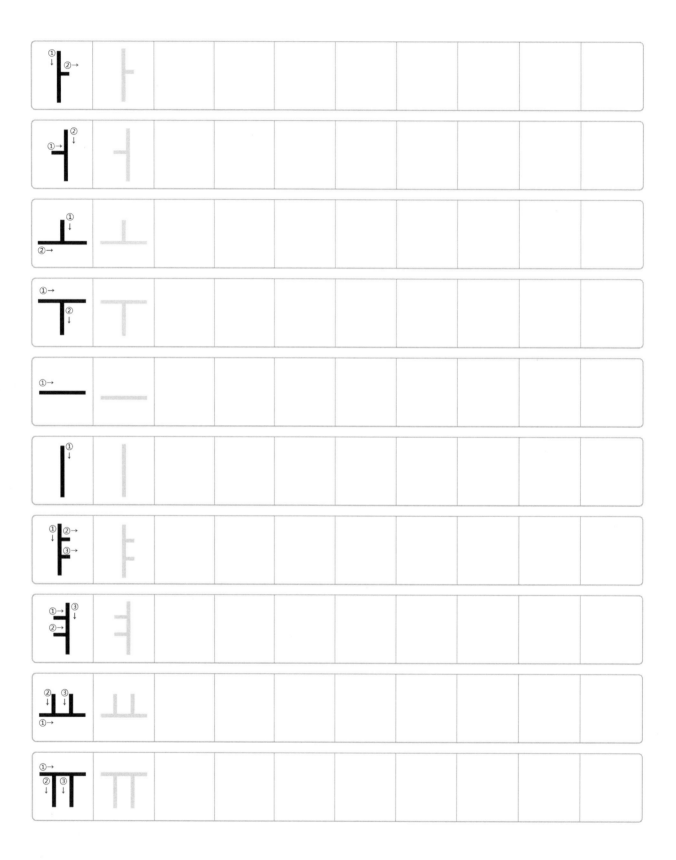

ㄱ ㄱ

ㄴ ㄴ

ㄷ ㄷ

ㄹ ㄹ

ㅁ ㅁ

ㅂ ㅂ

ㅅ ㅅ

ㅇ ㅇ

ㅈ ㅈ

ㅎ ㅎ

ㅋ
ㅌ
ㅍ
ㅊ

ㄲ
ㄸ
ㅃ
ㅆ
ㅉ

가	갸	거	겨	고	교	구	규	그	기
나									
다									
라									
마									
바									
사									
아									
자									
차									

카								
타								
파								
하								

아이	오이	아이	오이

여우	이유	여우	이유

싸다	비싸다	싸다	비싸다

사다	서다	사다	서다

거기	고기	거기	고기

소리	다리	소리	다리

그리다	기리다	그리다	기리다

의사	의자	의사	의자

최고	최소	최고	최소

머리	무리	머리	무리

학교				
부엌				
눈				
냉면				
듣다				
옷				
있다				
낮				
꽃				
끝				

물					
길					
엄마					
밥					
수업					
강					
공항					
앉다					
여덟					
값					
많다					

1과

인사

1. 다음 〈보기〉와 같이 쓰십시오.

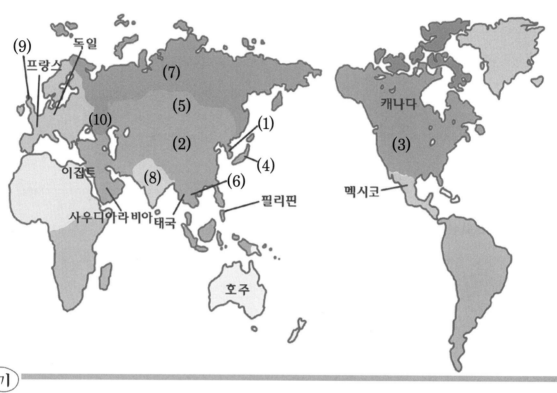

보기

한국	중국	미국	일본	몽골
베트남	러시아	인도	영국	우즈베키스탄

(1) _____   (2) _____

(3) _____   (4) _____

(5) _____   (6) _____

(7) _____   (8) _____

(9) _____   (10) _____

2. 다음 〈보기〉와 같이 쓰십시오.

베컴

A: 베컴은 어느 나라 사람입니까?
B: (영국) 사람입니다.

(1) 마이클

A: (　　　　　　)은/는 어느 나라 사람입니까?
B: (　　　　　　) 사람입니다.

(2) 니콜라이

A: (　　　　　　)은/는 어느 나라 사람입니까?
B: (　　　　　　) 사람입니다.

(3) 흐엉

A: (　　　　　　)은/는 어느 나라 사람입니까?
B: (　　　　　　) 사람입니다.

(4) 김정아

A: (　　　　　　)은/는 어느 나라 사람입니까?
B: (　　　　　　) 사람입니다.

(5) 왕동동

A: (　　　　　　)은/는 어느 나라 사람입니까?
B: (　　　　　　) 사람입니다.

3. 다음을 연결하십시오.

(1) 학생 •

(2) 교수 •

(3) 간호사 •

(4) 의사 •

(5) 경찰관 •

(6) 변호사 •

(7) 가수 •

(8) 요리사 •

• A.

• B.

• C.

• D.

• E.

• F.

• G.

• H.

1. 다음 〈보기〉와 같이 쓰십시오.

〈보기〉
A: 갑니까?
B: 네, <u>갑니다.</u>

(1) A: 봅니까?

B: 네, _____

(2) A: 만납니까?

B: 네, _____

(3) A: 인사합니까?

B: 네, _____

(4) A: 공부합니까?

B: 네, _____

(5) A: 반갑습니까?

B: 네, _____

2. 다음 〈보기〉와 같이 쓰십시오.

> 보기
>
> A: 학생입니까?
> B: 네, <u>학생입니다.</u>

(1) A: 간호사입니까?

  B: 네, _____

(2) A: 베트남 사람입니까?

  B: 네, _____

(3) A: 대학생입니까?

  B: 네, _____

(4) A: 한국어교육원 학생입니까?

  B: 네, _____

(5) A: 선생님입니까?

  B: 네, _____

(6) A: 중국 사람입니까?

  B: 네, _____

3. 다음과 같이 쓰십시오.

기본형	V/A-ㅂ/습니까	V/A-ㅂ/습니다	기본형	V/A-ㅂ/습니까	V/A-ㅂ/습니다
가다	갑니까?	갑니다	먹다	먹습니까?	먹습니다
오다			읽다		
자다			입다		
보다			씻다		
공부하다			앉다		
만나다			반갑다		
연습하다			그렇다		
배우다			듣다		
인사하다			찾다		

4. 다음 〈보기〉에서 골라 쓰십시오.

ㅂ니다   입니다   습니다

(1)

(먹다)

저는 _____

(마시다)

저는 _____

(읽다)

저는 _____

(만나다)

저는 _____

(2)

① (공부하다)   A : 상민 씨는 _____?

　　　　　　　　B : 네, 상민 씨는 _____.

② (간호사)　　A : 자스민 씨는 의사입니까?

　　　　　　　　B : 아니요, 자스민 씨는 _____.

③ (학생)　　　A : 솔롱고 씨는 _____?

　　　　　　　　B : 네, 솔롱고 씨는 _____.

④ (앉다)　　　A : 김정아 씨는 _____?

　　　　　　　　B : 네, 김정아 씨는 _____.

⑤ (오다)　　　A : 상민 씨는 _____?

　　　　　　　　B : 네, 상민 씨는 _____.

5. 다음 〈보기〉에서 골라 쓰십시오.

보기
| −은 | −도 | −는 |

(1) A: 안녕하세요? 저(　　　　　) 왕동동입니다.

　　B: 안녕하세요? 제 이름(　　　　　) 마리입니다.

(2) A: 김정아 씨는 선생님입니까?

　　B: 네, 김정아 씨(　　　　　) 선생님입니다.

(3) A: 저는 대학생입니다.

　　B: 저(　　　　　) 대학생입니다.

1. 다음을 듣고 쓰십시오.

(1) (   )   (2) (   )   (3) (   )

(4) (   )   (5) (   )   (6) (   )

2. 다음을 듣고 쓰십시오.

(1) (   )

(2) 이름이 (   )입니까?

(3) 저는 (   )입니다.

(4) 솔롱고 씨 (   ) 무엇입니까?

(5) 만나서 (   )

(6) (   )은 마이클입니다.

3. 다음을 듣고 물음에 답하십시오.

(1) 왕동동 씨는 학생입니까? (   )

     ① 네   ② 아니요

(2) 김정아 씨는 직업이 무엇입니까? (   )

     ① 선생님   ② 은행원
     ③ 간호사   ④ 학생

4. 다음을 듣고 물음에 답하십시오.

(1) 아사코 씨는 가수입니까? (   )

　① 네
　② 아니요

(2) 카잉 씨는 베트남 사람입니까? (   )

　① 네
　② 아니요

(3) 누가 은행원입니까? (   )

　① 아사코
　② 아사코 씨 동생
　③ 카잉
　④ 카잉 씨 동생

(4) 아사코 씨 직업은 무엇입니까? (   )

　① 학생
　② 선생님
　③ 가수
　④ 은행원

1. 다음을 읽고 물음에 답하십시오.

> 안녕하세요? 저는 흐엉입니다. 저는 베트남 사람입니다. 저는 간호사입니다. 만나서 반갑습니다.

(1) 이름이 무엇입니까?   _____

(2) 흐엉 씨는 어느 나라 사람입니까?   _____

(3) 흐엉 씨 직업은 무엇입니까?   _____

2. 다음을 읽고 같으면 ○, 다르면 ✕ 하십시오.

> 안녕하세요? 제 이름은 솔롱고입니다. 저는 몽골 사람입니다. 저는 순천향대학교 학생입니다. 만나서 반갑습니다.

(1) 제 이름은 솔롱고입니다. (   )

(2) 저는 베트남 사람입니다. (   )

(3) 저는 오늘 여러분을 처음 만납니다. (   )

(4) 저는 순천향대학교 선생님입니다. (   )

(5) 저는 몽골 사람입니다. (   )

(6) 저는 학생입니다. (   )

1. 다음을 보고 쓰십시오.

안	녕	하	세	요	?							
저	는		솔	롱	고	입	니	다	.			
몽	골		사	람	입	니	다	.				
저	는		순	천	향	대	학	교		학	생	입	니	다	.
만	나	서		반	갑	습	니	다	.			

2. 자기소개를 하십시오.

3. 친구를 소개하십시오.

안녕하세요?

_____

_____

_____

_____

_____

_____

_____

_____

2과

위치

1. 다음 〈보기〉에서 골라 쓰십시오.

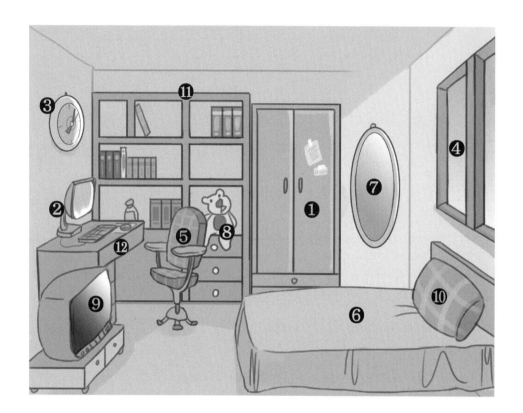

보기

옷장	책상	책장	의자	침대	텔레비전
거울	시계	창문	컴퓨터	인형	베개

(1) _____   (2) _____   (3) _____

(4) _____   (5) _____   (6) _____

(7) _____   (8) _____   (9) _____

(10) _____   (11) _____   (12) _____

2. 1번 그림을 보고 〈보기〉에서 골라 쓰십시오.

보기

옆	위	아래	안	밖	앞
뒤	왼쪽	오른쪽	사이		

(1) A: 옷장이 어디에 있습니까?

B: 책장하고 거울 (   )에 있습니다.

(2) A: 컴퓨터가 어디에 있습니까?

B: 책상 (   )에 있습니다.

(3) A: 텔레비전이 어디에 있습니까?

B: 책상 (   )에 있습니다.

(4) A: 베개가 어디에 있습니까?

B: 베개가 (   )에 있습니다.

(5) A: 거울이 어디에 있습니까?

B: 거울이 (   ).

(6) A: 의자가 어디에 있습니까?

B: (   ).

3. 다음 그림을 보고 맞는 것을 고르십시오.

(1) 열쇠 / 여권

(2) 사전 / 볼펜

(3) 지우개 / 지갑

(4) 필통 / 의자

(5) 수첩 / 신문

(6) 시계 / 책

(7) 돈 / 가방

(8) 신문 / 잡지

(9) 거울 / 휴지

1. 다음 그림을 보고 쓰십시오.

(1)

A: 흐엉 씨는 어디에 있습니까?

B: (   )에 있습니다.

(2)

A: 정아 씨는 어디에 있습니까?

B: (   )에 있습니다.

(3)

A: 왕동동 씨는 어디에 있습니까?

B: (   )에 있습니다.

(4)

A: 아사코 씨는 어디에 있습니까?

B: (   )에 있습니다.

(5)

A: 마이클 씨는 어디에 있습니까?

B: (   )에 있습니다.

(6)

A: 솔롱고 씨는 어디에 있습니까?

B: (   )에 있습니다.

2. 다음 〈보기〉에서 골라 쓰십시오.

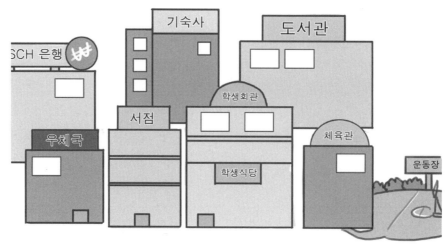

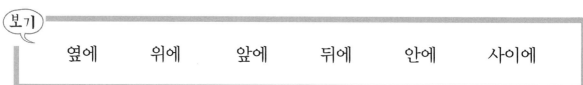

(1) A: 식당은 어디에 있습니까?

   B: 식당은 학생회관 (   ) 있습니다.

(2) A: 우체국은 어디에 있습니까?

   B: 우체국은 은행 (   ) 있습니다.

(3) A: 서점은 어디에 있습니까?

   B: 서점은 우체국 (   ) 학생회관 (   ) 있습니다.

(4) A: 도서관은 어디에 있습니까?

   B: 도서관은 체육관 (   ) 있습니다.

(5) A: 체육관은 어디에 있습니까?

   B: 체육관은 운동장 (   ) 있습니다.

1. 다음 그림을 보고 쓰십시오.

(1)

A: 이것은 무엇입니까?

B: 이것은 (   )입니다.

(2)

A: 이것은 무엇입니까?

B: 이것은 (   )입니다.

(3)

A: 여기는 어디입니까?

B: 여기는 (   )입니다.

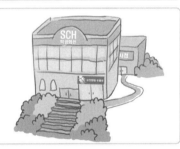

(4)

여자: 이것은 무엇입니까?

남자: 그것은 (   )입니다.

(5)

A: 이것은 무엇입니까?

B: 그것은 (   )입니다.

2. 다음 그림을 보고 쓰십시오.

여자: 저것이 (<u>책</u>)입니까?

남자: 네, (<u>책</u>)입니다.

---

(1) A: 저것이 (   )입니까?

B: 네, (   )입니다.

---

(2) A: 저것이 (   )입니까?

B: 네, (   )입니다.

---

(3) A: 저것이 (   )입니까?

B: 네, (   )입니다.

---

(4) A: 저것이 휴대폰입니까?

B: 아니요, (   ) 아닙니다. (   )입니다.

---

(5) A: 저것이 지갑입니까?

B: 아니요, (   ) 아닙니다. (   )입니다.

3. 다음 그림을 보고 쓰십시오.

(1) A: 방에 옷장이 있습니까?

    B: 네, _____

(2) A: 방에 텔레비전이 있습니까?

    B: 네, _____

(3) A: 방에 가방이 있습니까?

    B: 아니요, _____

(4) A: 방에 거울이 있습니까?

    B: 네, _____

(5) A: 방 안에 무엇이 있습니까?

    B: _____하고 _____이/가 있습니다.

(6) A: 방 안에 무엇이 있습니까?

    B: _____하고 _____이/가 있습니다.

4. 다음 〈보기〉와 같이 쓰십시오.

> **보기**
>
> A: 책상 위에 무엇이 있습니까?
>
> B: 책상 위에 (책)이 있습니다. (사전)도 있습니다.

(1) A: 책상 위에 무엇이 있습니까?

    B: 책상 위에 (　　　　　)이/가 있습니다.

      (　　　　　)도 있습니다.

(2) A: 책상 옆에 무엇이 있습니까?

    B: 책상 옆에 (　　　　)하고 (　　　　)이/가 있습니다.

      (　　　　)도 있습니다.

(3) A: 가방 안에 무엇이 있습니까?

    B: 가방 안에 (　　　　)하고 (　　　　)이/가 있습니다.

      (　　　　)도 있습니다.

(4) A: 교실 안에 무엇이 있습니까?

    B: 교실 안에 (　　　　)하고 (　　　　)이/가 있습니다.

      (　　　　)도 있습니다.

5. 다음 그림을 보고 쓰십시오.

(1)

A: 연필은 어디에 있습니까?

B: 연필은 (   ) 있습니다.

(2)

A: 사전은 (   )?

B: 사전은 가방 안에 있습니다.

(3)

A: 가방은 어디에 있습니까?

B: 가방은 (   ) 있습니다.

(4)

A: 신문은 어디에 있습니까?

B: 신문은 (   ) 있습니다.

(5)

A: 지갑은 (   )?

B: 지갑은 책상 위에 있습니다.

1. 다음을 듣고 쓰십시오.

(1) (　　　　　　　) (2) (　　　　　　　) (3) (　　　　　　　)

(4) (　　　　　　　) (5) (　　　　　　　) (6) (　　　　　　　)

(7) (　　　　　　　) (8) (　　　　　　　) (9) (　　　　　　　)

2. 다음을 듣고 쓰십시오.

(1) 이것이 (　　　　　　　　　　).

(2) 아니요. 컴퓨터가 (　　　　　　　　　　).

(3) 책상 (　　　　　　　) 공책이 있습니다.

(4) 가방은 (　　　　　　　) (　　　　　　　) 있습니다.

(5) 학생회관 안에는 (　　　　　　　) (　　　　　　　) 있습니다.

(6) 서점은 (　　　　　　　) (　　　　　　　) 있습니다.

(7) 시계 (　　　　　　　) 창문이 있습니다.

(8) 책상 (　　　　　　　) 칠판이 있습니다.

(9) 우체국은 백화점 (　　　　　　　) 있습니다.

3. 다음을 듣고 같으면 ○, 다르면 × 하십시오.

(1) 우리 학교에 여러 건물이 있습니다. (   )

(2) 한국어교육원 건물 옆에 학생회관이 있습니다. (   )

(3) 우리학교에 우체국이 없습니다.(   )

(4) 기숙사에 헬스장이 없습니다. (   )

(5) 기숙사 앞에 도서관이 있습니다. (   )

4. 다음을 듣고 물음에 답하십시오.

(1) 저는 어디에 있습니까? (   )

    ① 은행   ② 백화점   ③ 기숙사   ④ 도서관

(2) 제 방에는 무엇이 없습니까? (   )

    ① 의자   ② 침대   ③ 컴퓨터   ④ 책상

(3) 가족 사진은 어디에 있습니까? (   )

    ① 침대 위   ② 책상 위   ③ 벽   ④ 옷장 옆

(4) 창문에는 커튼이 있습니까? (   )

    ① 네, 있습니다.   ② 아니요, 없습니다.

(5) 달력이 있습니까? (   )

    ① 네, 있습니다.   ② 아니요, 없습니다.

1. 다음을 읽고 물음에 답하십시오.

> 안녕하세요. 저는 미국 사람입니다. 제 이름은 마이클입니다. 저는 순천향대학교 한국어교육원 학생입니다. 저는 학교 기숙사에 있습니다. 제 방에는 침대하고, 옷장하고 책상이 있습니다. 책상 위에는 책하고 컴퓨터가 있습니다. 책상하고 침대 사이에 창문이 있습니다. 제 방 오른쪽에 샤워실하고 화장실이 있습니다. 제 방은 아주 깨끗합니다.

(1) 마이클 씨는 어느 나라 사람입니까?

_____

(2) 마이클 씨는 어디에 있습니까?

_____

(3) 창문은 어디에 있습니까?

_____

(4) 마이클 씨 방 오른쪽에 무엇이 있습니까?

_____

(5) 마이클 씨 방에 무엇이 없습니까? (   )

① 에어컨   ② 책상   ③ 옷장   ④ 침대

2. 다음을 읽고 물음에 답하십시오.

> 우리 집은 아산시에 있습니다. 우리 집 근처에 가게하고 식당이 많습니다. 우리 집 옆에 문구점이 있습니다. 문구점 앞에 약국이 있습니다. 그리고 문구점 뒤에 편의점이 있습니다.

(1) 우리 집은 어디에 있습니까? _____

(2) 우리 집 근처에 무엇이 없습니까? (   )

    ① 가게   ② 식당   ③ 극장   ④ 문구점

(3) 약국은 어디에 있습니까? _____

3. 다음을 읽고 물음에 답하십시오.

> 제 가방 안에는 책하고 사전이 있습니다. 휴지하고 필통도 있습니다. 필통 안에 볼펜하고 연필이 있습니다. 가방 왼쪽에 주머니가 있습니다. 주머니에 열쇠가 있습니다. 기숙사 열쇠입니다. 휴대폰은 없습니다. 가방에 지갑도 있습니다. 지갑 안에는 친구 사진하고 가족 사진이 있습니다.

(1) 가방 안에는 무엇이 있습니까? _____

(2) 주머니는 어디에 있습니까? _____

(3) 지갑 안에 무엇이 있습니까? _____

(4) 가방 안에 휴대폰이 있습니까? _____

(5) 필통 안에 무엇이 있습니까? _____

1. 다음을 보고 쓰십시오.

> 기숙사 방에 옷장이 있습니다. 그리고 책상하고 의자도 있습니다. 컴퓨터는 없습니다. 교실에 책상하고 의자가 있습니다. 가방도 있습니다. 가방은 의자 옆에 있습니다. 책상 위에 책하고 공책이 있습니다. 필통도 있습니다. 연필은 필통 안에 있습니다.

		기	숙	사		방	에		옷	장	이		있	습
니	다	.												

2. 자기 방을 그리고 소개하십시오.

3과

물건 사기

1. 다음과 같이 쓰십시오.

1	일	일	하나	하나	한 개	한 개
2						
3						
4						
5						
6						
7						
8						
9						
10						
20						

30						
40						
50						
60						
70						
80						
90						
100						
1,000						
10,000						
100,000						
1,000,000						

2-1. 다음 〈보기〉와 같이 쓰십시오.

> **보기**
>
> 2 ⇨ 이   다섯 ⇨ 5

(1) 1 _____   (2) 8 _____

(3) 9 _____   (4) 13 _____

(5) 56 _____   (6) 101 _____

(7) 칠 _____   (8) 육 _____

(9) 이십사 _____   (10) 구십일 _____

2-2. 다음 〈보기〉와 같이 쓰십시오.

> **보기**
>
> 1 ⇨ 하나   아홉 ⇨ 9

(1) 2 _____   (2) 4 _____

(3) 7 _____   (4) 16 _____

(5) 21 _____   (6) 33 _____

(7) 스물 _____   (8) 서른 둘 _____

(9) 쉰 아홉 _____   (10) 일흔 여섯 _____

3. 다음 〈보기〉와 같이 쓰십시오.

A: 전화번호가 몇 번입니까?

B: (530-3014) <u>오삼공의 삼공일사</u>번입니다.
  [에]

(1) A: 전화번호가 몇 번입니까?

B: (123-3501) _____

(2) A: 전화번호가 몇 번입니까?

B: (2658-6796) _____

(3) A: 전화번호가 몇 번입니까?

B: (701-9653) _____

4. 다음 〈보기〉와 같이 쓰십시오.

보기

A: 기숙사가 몇 층 몇 호입니까?

B: (2-205) <u>이층 이백오 호</u>입니다.

(1) A: 기숙사가 몇 층 몇 호입니까?

B: (1-102) _____입니다.

(2) A: 기숙사가 몇 층 몇 호입니까?

B: (3-306) _____입니다.

(3) A: 기숙사가 몇 층 몇 호입니까?

B: (5-509) _____입니다.

5. 다음 〈보기〉와 같이 쓰십시오.

보기

학생이 1명 있습니다.

(1) (   )

(2) (   )

(3) (   )

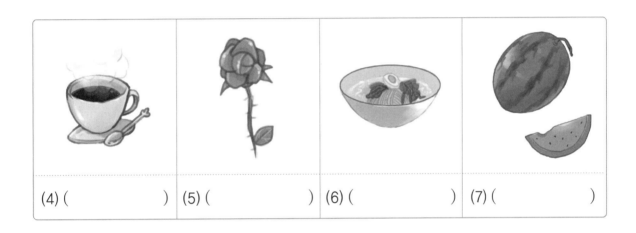

(4) (   )

(5) (   )

(6) (   )

(7) (   )

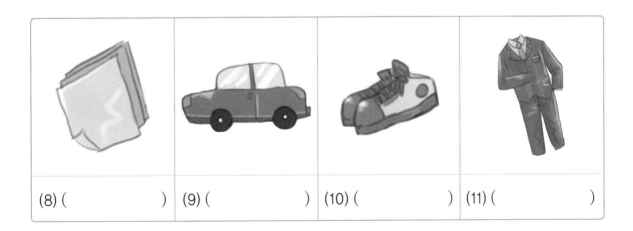

(8) (   )

(9) (   )

(10) (   )

(11) (   )

6. 다음 〈보기〉와 같이 쓰십시오.

보기

A: 사람이 몇 (명) 있습니까?

B: (1) <u>사람이 한 명 있습니다.</u>

(1) A: 강아지가 몇 (   ) 있습니까?

B: (2) _____

(2) A: 책이 몇 (   ) 있습니까?

B: (3) _____

(3) A: 볼펜이 몇 (   ) 있습니까?

B: (14) _____

(4) A: 신발이 몇 (   ) 있습니까?

B: (18) _____

(5) A: 꽃이 몇 (   ) 있습니까?

B: (22) _____

1. 다음을 보고 쓰십시오.

기본형	-(으)십시오	기본형	-(으)십시오
읽다	읽으십시오	쓰다	쓰십시오
웃다		지우다	
찾다		보다	
앉다		일어나다	
덮다		펴다	
씻다		운동하다	
입다		공부하다	
신다		숙제하다	
찍다		연습하다	
★먹다		★말하다	
★있다		★자다	

2. 다음 〈보기〉와 같이 쓰십시오.

보기

1,000원

A: 사과 <u>한 개</u>에 얼마입니까?

B: <u>한 개에 천 원입니다.</u>

A: <u>사과 한 개 주십시오.</u>

2,000원

(1) A: 사과 (　　　　　) 얼마입니까?

B: (　　　　　)입니다.

A: ＿＿＿＿＿＿＿＿＿＿＿＿＿＿.

4,000원

(2) A: 배 (　　　　　) 얼마입니까?

B: (　　　　　)입니다.

A: ＿＿＿＿＿＿＿＿＿＿＿＿＿＿.

6,500원

(3) A: 복숭아 (　　　　　) 얼마입니까?

B: (　　　　　)입니다.

A: ＿＿＿＿＿＿＿＿＿＿＿＿＿＿.

8,800원

(4) A: 귤 (　　　　　) 얼마입니까?

B: (　　　　　)입니다.

A: ＿＿＿＿＿＿＿＿＿＿＿＿＿＿.

3. 다음 〈보기〉와 같이 쓰십시오.

보기

A: 학교에 갑니까? (학교)　　　A: 우체국에 갑니까? (은행)
B: 네, <u>학교에 갑니다.</u>　　　B: 아니요, <u>은행에 갑니다.</u>

(1)　A:　도서관에 갑니까? (도서관)

　　　B: _____

(2)　A:　집에 갑니까? (식당)

　　　B: _____

(3)　A:　교실에 갑니까? (화장실)

　　　B: _____

(4)　A:　옷 가게에 갑니까?

　　　B:　아니요, _____

(5)　A:　학교에 갑니까?

　　　B:　아니요, _____

(6)　A:　기숙사에 갑니까?

　　　B:　아니요, _____

4. 다음 〈보기〉같이 쓰십시오.

보기

A: 어디에 갑니까?

B: (학교) <u>학교에 갑니다.</u>

(1) A: 어디에 갑니까?

B: (서점)_____

(2) A: 어디에 갑니까?

B: (영화관)_____

(3) A: 어디에 갑니까?

B: (서울)_____

(4) A: 어디에 갑니까?

B: (제주도)_____

(5) A: 어디에 갑니까?

B: (기숙사)_____

(6) A: 어디에 갑니까?

B: (교실)_____

1. 다음 〈보기〉에서 골라 쓰십시오.

보기

과자	수건	라면	귤
모자	배	치마	지우개
수박	공책	연필	바지
딸기	비누	빵	양말

(1) 과일 가게

_____

(2) 옷 가게

_____

(3) 문구점

_____

(4) 편의점

_____

2. 다음 〈보기〉에서 골라 쓰십시오.

(1) _____

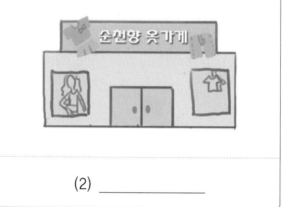

(2) _____

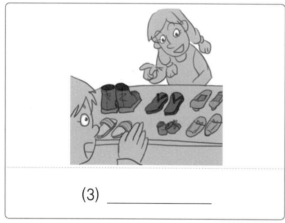

(3) _____

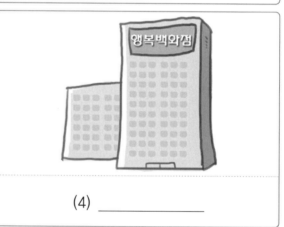

(4) _____

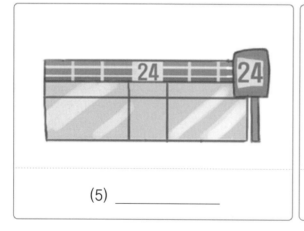

(5) _____

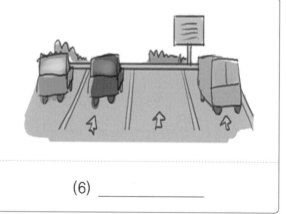

(6) _____

3. 다음 〈보기〉에서 골라 쓰십시오.

(1) _____

(2) _____

(3) _____

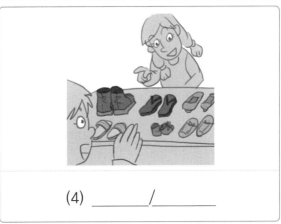

(4) _____ / _____

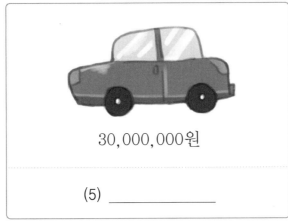

30,000,000원

(5) _____

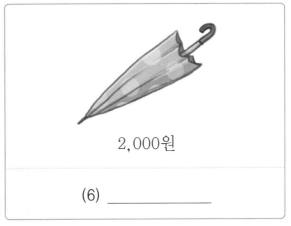

2,000원

(6) _____

1. 다음을 연결하십시오.

(1) 밥 •

• ㉠ 마십니다.

(2) 커피 •

• ㉡ 먹습니다.

(3) 옷 •

• ㉢ 읽습니다.

(4) 책 •

• ㉣ 입습니다.

(5) 음악 •

• ㉤ 봅니다.

(6) 영화 •

• ㉥ 듣습니다.

(7) 요리 •

• ㉦ 만납니다.

(8) 친구 •

• ㉧ 합니다.

2. '-을/를'을 사용하여 쓰십시오.

(1) 저는 밥(   ) 먹습니다.   (2) 언니는 물(   ) 마십니다.

(3) 정아 씨는 옷(   ) 삽니다.   (4) 동동 씨는 책(   ) 읽습니다.

(5) 수빈 씨는 음악(   ) 듣습니다. (6) 저는 숙제(   ) 합니다.

(7) 카잉 씨는 영화(   ) 봅니다. (8) 서영 씨는 친구(   ) 만납니다.

3. 다음 〈보기〉와 같이 쓰십시오.

> 보기
>
> A: 무엇을 먹습니까?
> B: (불고기) <u>불고기를 먹습니다.</u>

(1) A: 무엇을 마십니까?

    B: (주스) _____

(2) A: 무엇을 삽니까?

    B: (옷) _____

(3) A: 무엇을 합니까?

    B: (청소) _____

(4) A: 무엇을 읽습니까?

    B: (책) _____

4. 다음을 연결하십시오.

(1) 학생식당 •

• ㉠ 공부를 합니다.

(2) 방 •

• ㉡ 밥을 먹습니다.

(3) 교실 •

• ㉢ 운동을 합니다.

(4) 운동장 •

• ㉣ 텔레비전을 봅니다.

5. 다음 〈보기〉와 같이 쓰십시오.

보기

A: 어디에서 밥을 먹습니까?

B: (식당) <u>식당에서 밥을 먹습니다.</u>

(1) A: 어디에서 공부를 합니까?

B: (도서관) _____

(2) A: 어디에서 운동을 합니까?

B: (운동장) _____

(3) A: 어디에서 옷을 삽니까?

B: (백화점) _____

(4) A: 어디에서 친구를 만납니까?

B: (학교) _____

(5) A: 어디에서 영화를 봅니까?

B: _____

(6) A: 어디에서 사진을 찍습니까?

B: _____

6. 다음 그림을 보고 쓰십시오.

(9,000원)

(1) 남자 : 이 사전은 얼마입니까?

여자 : _____

(12,000원)

(2) 남자 : 저 사전은 얼마입니까?

여자 : _____

(23,000원)

(3) 남자 : 그 사전은 얼마입니까?

여자 : _____

7. 다음 그림을 보고 쓰십시오.

2,400원

(1) A : 물이 몇 병 있습니까?

B : _____

A : 한 병에 얼마입니까?

B : _____

A : 모두 얼마입니까?

B : _____

3,000원

(2) A : 공책이 몇 권 있습니까?

B : _____

A : 한 권에 얼마입니까?

B : _____

A : 모두 얼마입니까?

B : _____

15,000원

(3) A : 꽃이 몇 송이 있습니까?

B : _____

A : 한 송이에 얼마입니까?

B : _____

A : 모두 얼마입니까?

B : _____

68,000원

(4) A : 신발이 몇 켤레 있습니까?

B : _____

A : _____

B : _____

A : _____

B : _____

1. 다음을 듣고 맞는 것을 고르십시오.

(1) ① 530–3056 ( )

② 540–3050 ( )

③ 539–3059 ( )

(2) ① 758–5290 ( )

② 757–5295 ( )

③ 708–5290 ( )

2. 다음을 듣고 맞는 것을 고르십시오.

(1) ① 23 ( ) ② 33 ( )

③ 34 ( ) ④ 43 ( )

(2) ① 327 ( ) ② 307 ( )

③ 417 ( ) ④ 407 ( )

(3) ① 6,680 ( ) ② 6,860 ( )

③ 6,980 ( ) ④ 6,580 ( )

(4) ① 13,212 ( ) ② 23,111 ( )

③ 23,120 ( ) ④ 53,122 ( )

3. 다음을 듣고 쓰십시오.

(1) A: 이 연필은 얼마입니까?   B: 이 연필은 (   )입니다.

(2) A: 이 가방은 얼마입니까?   B: 그 가방은 (   )입니다.

(3) A: 저 책은 얼마입니까?   B: 저 책은 (   )입니다.

(4) A: 저 신발은 얼마입니까?   B: 저 신발은 (   )입니다.

(5) A: 그 컴퓨터는 얼마입니까?   B: 이 컴퓨터는 (   )입니다.

4. 다음을 듣고 쓰십시오.

(1) A: 사과 세 (   ) 얼마입니까?

    B: (   )입니다.

(2) A: 포도 한 (   ) 얼마입니까?

    B: (   )입니다.

(3) A: 꽃 한 (   ) 얼마입니까?

    B: (   )입니다.

(4) A: 신발 한 (   ) 얼마입니까?

    B: (   )입니다.

(5) A: 물 한 (   ) 얼마입니까?

    B: (   )입니다.

5. 다음을 듣고 물음에 답하십시오.

(1) 여기는 어디입니까? (   )

① 옷 가게　　② 신발 가게　　③ 과일 가게　　④ 야채 가게

(2) 손님이 무엇을 삽니까? 모두 고르십시오. (   )

① 귤　　　　② 사과　　　③ 배　　　④ 수박

(3) 배는 한 개에 얼마입니까? (   )

① 500원　　② 1,000원　　③ 1,500원　　④ 3,000원

(4) 모두 얼마입니까?

(   )원

6. 다음을 듣고 물음에 답하십시오.

(1) 여기는 어디입니까? _____

(2) 볼펜은 두 자루에 얼마입니까? (   )

① 900원　　② 600원
③ 1,800원　　④ 3,000원

(3) 이 사람은 무엇을 삽니까? 모두 고르십시오. (   )

① 책　　② 볼펜
③ 지우개　　④ 노트

1. 다음을 읽고 물음에 답하십시오.

> 저는 꽃(㉠) 좋아합니다. 꽃 가게는 학교 후문 옆(㉡) 있습니다. 아주 가깝습니다. 가게에 꽃이 많습니다. 장미꽃(㉢) 안개꽃도 있습니다.
>
> "장미꽃 한 송이(㉣) 얼마입니까?"
> "장미꽃은 한 송이(㉣) 2,000원입니다."
> 아주 비쌉니다.

(1) 꽃 가게는 어디에 있습니까? (   )

① 학교 후문 앞   ② 학교 후문 옆   ③ 학교 정문 앞   ④ 학교 식당 안

(2) (㉠), (㉡), (㉢), (㉣)에 알맞은 것을 쓰십시오.

㉠ (   )   ㉡ (   )

㉢ (   )   ㉣ (   )

(3) 내용과 맞지 <u>않은</u> 것을 고르십시오. (   )

① 장미꽃은 쌉니다.
② 저는 꽃을 좋아합니다.
③ 꽃 가게는 학교 근처에 있습니다.
④ 꽃 가게에는 여러 가지 꽃이 있습니다.

2. 다음을 읽고 물음에 답하십시오.

> 저는 백화점(㉠) 갑니다. 백화점 지하 1층은 슈퍼마켓입니다. 1층에서 구두, 가방을 팝니다. 조금 ㉡ <u>쌉니다</u>. 2층하고 3층에서 옷을 팝니다. 저는 바지하고 치마를 삽니다.
>
> "이 바지는 얼마입니까?"
>
> "7,900원입니다."
>
> 아주 쌉니다. 치마는 25,000원입니다. 조금 비쌉니다. 그러나 예쁩니다. 식당은 5층(㉢) 있습니다. 자장면은 한 (㉣)에 6,000원입니다. 자장면도 조금 비쌉니다. 그러나 맛있습니다.

(1) (㉠)과 (㉢)에 알맞은 것은 무엇입니까? (   )

① 에, 을   ② 에, 에   ③ 에서, 를   ④ 에서, 을

(2) ㉡과 <u>반대말</u>은 무엇입니까? (   )

① 좋습니다   ② 예쁩니다   ③ 삽니다   ④ 비쌉니다

(3) (㉣)에 알맞은 것은 무엇입니까? (   )

① 잔   ② 마리   ③ 그릇   ④ 병

(4) 내용과 맞지 <u>않은</u> 것을 고르십시오. (   )

① 백화점에 식당이 있습니다.   ② 1층에서 옷을 삽니다.

③ 신발은 1층에서 삽니다.   ④ 5층에서 자장면을 먹습니다.

쓰기

1. 다음 〈보기〉와 같이 쓰십시오.

보기

여기는 슈퍼마켓입니다. 슈퍼마켓에 빵, 우유, 주스가 있습니다. 빵은 한 개에 700원입니다. 우유는 한 개에 800원입니다. 주스는 한 병에 1,200원입니다. 나는 빵 한 개하고 주스 한 병을 삽니다. 모두 1,900원입니다.

수박, 사과, 귤

_____

_____

_____

_____

_____

운동화, 구두

_____

_____

_____

_____

2. 여기는 시장입니다. 다음 물건을 삽니다. 가게 주인과 손님의 대화를 쓰십시오.

돼지고기 300g (30,000원)	배추 1통 (1,500원)	무 2개 (2,600원)	양파 7개 (3,000원)

주인 :

손님 :

주인 :

손님 :

주인 :

손님 :

주인 :

손님 :

4과

하루 일과

1. 다음을 연결하십시오.

(1) 아침	(2) 점심	(3) 저녁

㉠

㉡

㉢

(4) 오전	(5) 오후	(6) 밤

㉣

㉤

㉥

2. 다음 〈보기〉에서 골라 쓰십시오.

보기

그리고	그래서	하지만

(1) 나는 아침에 빵을 먹어요.

(　　　　　　) 커피를 마셔요.

(2) 나는 운동을 좋아해요.

(　　　　　　) 오후에 친구들과 운동을 해요.

(3) 비빔밥은 맛있어요.

(　　　　　　) 학교 식당에 비빔밥이 없어요.

(4) 내일은 친구 생일이에요.

(　　　　　　) 오늘 친구 생일 선물을 사요.

(5) 오전에 교실에서 한국어를 공부해요.

(　　　　　　) 오후에 도서관에서 숙제를 해요.

(6) 이 가방은 비싸요.

(　　　　　　) 예쁩니다.

3. 다음 〈보기〉에서 골라 쓰십시오.

보기

하다	가다	먹다	보다
받다	마시다	씻다	읽다

공부 / <u>하다</u> → <u>공부를 해요.</u>

(1) 밥　　　／ _____　→ _____

(2) 커피　　／ _____　→ _____

(3) 선물　　／ _____　→ _____

(4) 손　　　／ _____　→ _____

(5) 텔레비전 ／ _____　→ _____

(6) 샤워　　／ _____　→ _____

(7) 운동　　／ _____　→ _____

(8) 요리　　／ _____　→ _____

(9) 책　　　／ _____　→ _____

(10) 물　　　／ _____　→ _____

1. 다음을 보고 쓰십시오.

기본형	-ㅂ니다/-습니다	-아/어요	기본형	-ㅂ니다/-습니다	-아/어요
먹다	먹습니다	먹어요	가다	갑니다	가요
입다			오다		
읽다			주다		
받다			자다		
좋다			보다		
웃다			보내다		
울다			마시다		
앉다			만나다		
많다			기다리다		
있다			공부하다		
없다			청소하다		
맛있다			노래하다		
맛없다			좋아하다		

2. 다음을 보고 쓰십시오.

기본형	-ㅂ니까?/-습니까?	-아/어요?	기본형	-ㅂ니까?/-습니까?	-아/어요?
먹다	먹습니까?	먹어요?	가다	갑니까?	가요?
입다			오다		
읽다			주다		
받다			자다		
좋다			보다		
웃다			보내다		
울다			마시다		
앉다			만나다		
많다			기다리다		
있다			공부하다		
없다			청소하다		
맛있다			노래하다		
맛없다			좋아하다		

3. 다음 〈보기〉와 같이 쓰십시오.

> 이것은 책<u>입니다</u>. → 이것은 책<u>이에요</u>.
> 저는 김정아<u>입니다</u>. → 저는 김정아<u>예요</u>.

(1) 이것은 연필입니다.

→ _____

(2) 저것은 왕동동 씨 의자입니다.

→ _____

(3) 여기가 한국어교육원입니다.

→ _____

(4) 지금은 한국어 수업 시간입니다.

→ _____

(5) 이 사람은 누구입니까?

→ _____

(6) 저 분은 한국어 선생님입니다.

→ _____

(7) 저 사람이 가수입니다.

→ _____

(8) 여기는 기숙사입니다.

→ _____

4. 다음 〈보기〉와 같이 쓰십시오.

보기

> 저는 아침 7시에 <u>일어납니다.</u> → 저는 아침 7시에 <u>일어나요.</u>
> 수업이 언제 <u>끝납니까?</u> → 수업이 언제 <u>끝나요?</u>

(1) 오전에는 도서관에 갑니다.

→ _____

(2) 아침에 저는 일찍 일어납니다.

→ _____

(3) 저녁에는 집에서 한국 음식을 먹습니다.

→ _____

(4) 무슨 음식을 좋아합니까?

→ _____

(5) 사전이 없습니까?

→ _____

(6) 시내에서 친구를 만납니다.

→ _____

(7) 친구를 기다립니다.

→ _____

1. 다음을 연결하십시오.

(1) 커피숍에서 •   • 우유와 과자를 사요.

(2) 슈퍼마켓에서 •   • 공부를 해요.

(3) 은행에서 •   • 잠을 자요.

(4) 극장에서 •   • 편지를 보내요.

(5) 기숙사에서 •   • 영화를 봐요.

(6) 우체국에서 •   • 돈을 찾아요.

(7) 공원에서 •   • 커피를 마셔요.

(8) 교실에서 •   • 자전거를 타요.

2. 다음을 보고 쓰십시오.

(1) <u>여섯</u> 시예요.
    (   )

(2) 오후 <u>두</u> 시 <u>삼십</u> 분이에요.
    (   ) (   )

(3) <u>일곱</u> 시 <u>십오</u> 분이에요.
    (   ) (   )

(4) <u>두</u> 시 <u>오십오</u> 분이에요.
    (   ) (   )

(5) <u>여덟</u> 시 <u>십구</u> 분이에요.
    (   ) (   )

(6) <u>열한</u> 시 <u>이십육</u> 분이에요.
    (   ) (   )

(7) <u>열두</u> 시 <u>삼십</u> 분이에요.
    (   ) (   )

(8) <u>세</u> 시 <u>십삼</u> 분이에요.
    (   ) (   )

3. 다음 그림을 보고 쓰십시오.

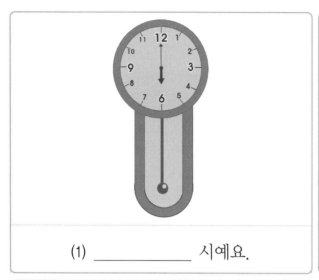

(1) _____ 시예요.

(2) _____ 시 _____ 이에요.

_____ 시 _____ 분이에요.

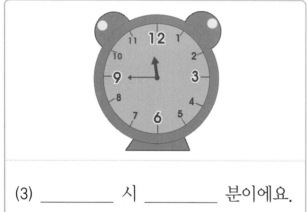

(3) _____ 시 _____ 분이에요.

_____ 시 _____ 분 전이에요.

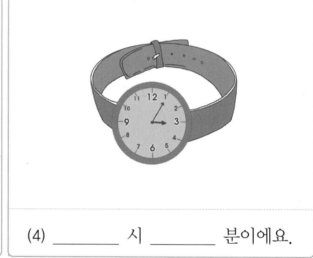

(4) _____ 시 _____ 분이에요.

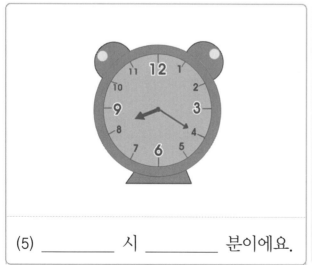

(5) _____ 시 _____ 분이에요.

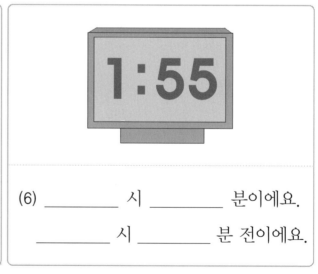

(6) _____ 시 _____ 분이에요.

_____ 시 _____ 분 전이에요.

1. 다음 〈보기〉와 같이 쓰십시오.

> 보기
>
> A: 아침, 운동, 하다
> B: <u>아침에 운동을 해요.</u>

(1) A: 오전, 한국어, 공부하다

　　B: _____

(2) A: 오후, 친구, 만나다

　　B: _____

(3) A: 점심, 비빔밥, 먹다

　　B: _____

(4) A: 아침, 공원, 산책, 하다

　　B: _____

(5) A: 저녁, 집, 텔레비전, 보다

　　B: _____

(6) A: 오후, 도서관, 책, 읽다

　　B: _____

2. 다음 〈보기〉와 같이 쓰십시오.

> 보기
>
> A: 아침에 무엇을 먹어요?
>
> B: (빵, 과일) <u>빵과 과일을 먹어요.</u>

(1)   A: 무엇을 좋아해요?

     B: (김밥, 불고기)_____

(2)   A: 무엇을 사요?

     B: (사과, 배)_____

(3)   A: 무엇이 있어요?

     B: (책상, 의자)_____

(4)   A: 무엇을 공부해요?

     B: (한국어, 영어)_____

(5)   A: 교실에 누가 있어요?

     B: (학생들, 선생님)_____

(6)   A: 무엇을 해요?

     B: (수영, 축구)_____

(7)   A: 무엇을 마셔요?

     B: (주스, 물)_____

3. 다음 〈보기〉와 같이 쓰십시오.

> 보기
>
> A: 누구와 함께 가요? (정아 씨)
> B: <u>정아 씨와 함께 가요.</u>

(1) A: 누구와 함께 공부해요? (선생님)

B: _____

(2) A: 누구와 같이 영화를 봐요? (친구)

B: _____

(3) A: 누구와 함께 슈퍼마켓에 가요? (어머니)

B: _____

(4) A: 누구와 같이 운동을 해요? (친구들)

B: _____

(5) A: 누구와 함께 저녁을 먹어요? (아버지)

B: _____

(6) A: 누구와 함께 도서관에 가요? (친구)

B: _____

(7) A: 누구와 함께 음악을 들어요? (동생)

B: _____

4. 다음 〈보기〉에서 골라 쓰십시오.

보기

| 와/과 | 을/를 | 에 | 에서 |

(1) 오전 일곱 시(　　　) 일어나요.

(2) 아침(　　　) 빵(　　　) 과일(　　　) 먹어요.

(3) 오후 한 시(　　　) 식당(　　　) 점심(　　　) 먹어요.

(4) 오후(　　　) 보통 도서관(　　　) 친구(　　　) 함께 공부(　　　) 해요.

(5) 저녁(　　　) 집(　　　) 텔레비전(　　　) 봐요.

1. 다음을 듣고, 시계에 그리십시오.

(1)

(2)
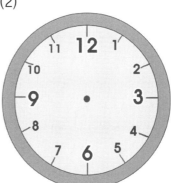

(3)

(4)
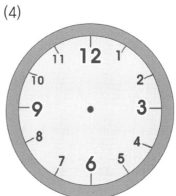

2. 다음을 듣고 쓰십시오.

(1) (   )시 (   )분   (2) (   )시 (   )분

(3) (   )시 (   )분   (4) (   )시 (   )분

(5) (   ) (   )시 (   )분   (6) (   ) (   )시 (   )분

(7) (   ) (   )시 (   )분   (8) (   ) (   )시 (   )분

3. 다음을 듣고 연결하십시오.

(1) 9시   •   • ㉠ 숙제를 해요.

(2) 11시   •   • ㉡ 아침을 먹어요.

(3) 오후 5시   •   • ㉢ 일어나요.

(4) 아침 7시   •   • ㉣ 자요.

(5) 7시 30분   •   • ㉤ 학교에 가요.

(6) 8시 30분   •   • ㉥ 집에 와요.

4. 다음을 듣고 물음에 답하십시오.

(1) 장나나 씨는 아침 몇 시에 일어나요?

  _____

(2) 학교 수업은 언제 시작해요?

  _____

(3) 장나나 씨가 저녁에 무엇을 해요? (   )

  ① 운동해요.   ② 식사해요.
  ③ 친구들과 이야기해요.   ④ 샤워해요.

나의 하루

나는 아침 6시에 일어납니다. 그리고 6시 30분에 공원에서 산책합니다. 7시 30분에 아침을 먹습니다. 9시에 학교에 갑니다. 오전에 학교에서 한국어 수업을 듣습니다. 1시에 친구들과 학생 식당에서 점심을 먹습니다. 나는 비빔밥을 좋아합니다. 그래서 비빔밥을 먹습니다. 오후에 도서관에서 공부합니다. 6시에 저녁을 먹습니다. 그리고 7시에 숙제를 합니다. 9시에 텔레비전을 봅니다. 11시에 잡니다.

(1) 글을 읽고 그림에 알맞은 시간을 쓰세요.

①   ②   ③   ④   ⑤

(2) 학생 식당에서 무엇을 먹어요? (　　　)

　① 김밥　　　　　② 커피

　③ 비빔밥　　　　④ 샌드위치

(3) 이 사람은 오전에 무엇을 해요? (　　　)

　① 산책을 해요.　　　② 친구를 만나요.

　③ 텔레비전을 봐요.　④ 도서관에서 공부해요.

1. 다음은 왕동동 씨의 하루 계획표예요. 계획표를 보고 왕동동 씨의 일기를 쓰세요.

오전	7시	아침 운동
	8시	아침 밥
	9시	한국어 공부
오후	1시	점심 밥
	2시	태권도
	4시	도서관
저녁	7시	저녁 밥
	9시	텔레비전

2. 나의 하루 계획을 쓰세요.

5과

생일

1. 다음을 보고 쓰십시오.

( )년	( )년	( )년
(1) ( )	올해	(2) ( )
(3) ( )	금년	(4) ( )

2. 다음을 보고 쓰십시오.

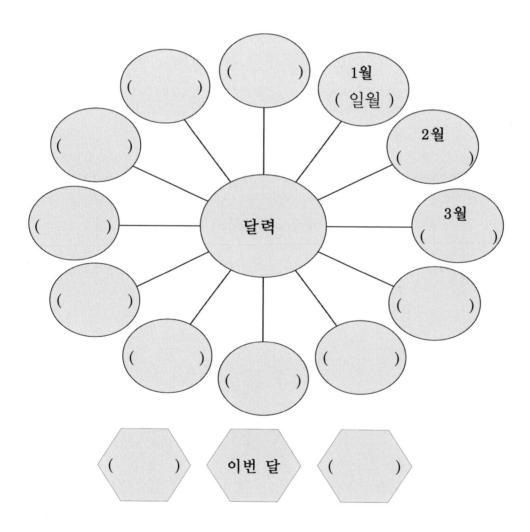

3. 다음을 보고 쓰십시오.

( )월						
			1 일일	2 ( )	3 ( )	4 ( ) ( )
5 ( )	6 ( )	7 ( )	8 ( )	9 ( )	10 ( )	11 ( ) 이번 주
12 ( )	13 ( )	14 ( )	15 ( )	16 ( )	17 ( )	18 ( ) ( )
19 ( )	20 ( )	21 ( )	22 ( )	23 ( )	24 ( )	25 ( )
26 ( )	27 ( )	28 ( )	29 ( )	30 ( )	31 ( )	

( ) ( ) 오늘 ( ) ( )

(1) A: 이번 달은 몇 월이에요?

B: _____

(2) A: 오늘은 몇 월 며칠이에요?

B: _____

(3) A: 내일은 며칠이에요?

B: _____

4. 다음을 보고 쓰십시오.

일요일	( )	( )	(수요일)	( )	( )	( )

5. 다음을 보고 쓰십시오.

월요일 (오늘)	( )	( )	( )	( )	( )	( )
학교	도서관	피아노 학원	수영장	영화관	체육관	시장

(1) A: 오늘은 무슨 요일이에요?

B: _____

(2) A: 내일은 무슨 요일이에요?

B: _____

(3) A: 모레는 무슨 요일이에요?

B: _____

(4) A: 이번 주에 무엇을 해요?

B: ① 저는 (<u>월요일에</u>) 학교에 가요.

② 저는 _____

③ 저는 _____

④ 저는 _____

⑤ 저는 _____

⑥ 저는 _____

⑦ 저는 _____

6. 다음을 보고 쓰십시오.

5월						
일요일	( )	( )	( )	( )	( )	( )
			1	2	3	4
5 어린이날	6	7	8 어버이날	9 오늘	10	11
12	13	14	15 스승의 날	16	17	18
19	20	21	22	23	24	25
26	27	28	29	30	31 친구 생일	

(1)   A: 오늘은 몇 월 며칠이에요?

      B: _____

(2)   A: 어린이날은 언제예요?

      B: _____

(3)   A: 어버이날은 언제예요?

      B: _____

(4)   A: 다음 주 수요일은 무슨 날이에요?

      B: _____

(5)   A: 친구 생일은 무슨 요일이에요?

      B: _____

1. 다음을 보고 쓰십시오.

기본형	았어요	기본형	았어요	기본형	았어요
살다	살았어요	찾다		싸다	
작다		좋다		비싸다	
앉다		가다		만나다	
많다		자다		보다	
받다		사다		오다	

2. 다음을 보고 쓰십시오.

기본형	었어요	기본형	었어요	기본형	었어요
먹다	먹었어요	입다		기다리다	
적다		씻다		보내다	
없다		있다		쉬다	
죽다		읽다		마시다	
울다		주다		★선생님이다	
웃다		배우다		★의사이다	

3. 다음을 보고 쓰십시오.

기본형	였어요/했어요	기본형	였어요/했어요	기본형	였어요/했어요
하다	하였어요 / 했어요	초대하다		대답하다	
공부하다		축하하다		생각하다	
숙제하다		쇼핑하다		게임하다	
수업하다		요리하다		깨끗하다	
운동하다		세수하다		피곤하다	
이야기하다		목욕하다		연습하다	
질문하다		친절하다		일하다	

4. 다음 〈보기〉에서 골라 쓰십시오.

보기

반다   먹다   읽다   좋다   주다   하다   보다

(1) 저는 어제 라면을 _____

(2) 동생은 작년에 생일 선물을 _____

(3) 저는 어제 기분이 _____

(4) 언니는 지난주에 책을 _____ _____

(5) 제 친구는 그저께 영화를 _____

(6) 우리는 어제 도서관에서 공부를 _____

5. 다음을 보고 쓰십시오.

(1) A: 어제 어디에 갔어요?

B: _____

(2) A: 어제가 생일이었어요?

B: _____

(3) A: 거기에서 무엇을 봤어요?

B: _____

(4) A: 손님이 많았어요?

B: _____

(5) A: 무엇을 마셨어요?

B: _____

(6) A: 선생님도 초대했어요?

B: _____

6. '안'을 사용하여 쓰십시오.

(1) 저는 어제 학교에 갔어요.　　　→ _____

(2) 저는 식당에서 밥을 먹었어요.　→ _____

(3) 저는 오후에 집에서 숙제했어요. → _____

(4) 저는 오늘 아침에 운동했어요.　→ _____

7. '안'을 사용하여 쓰십시오.

(1) A: 오늘 학교에 가요?

　　B: 아니요, _____

(2) A: 오늘도 라면을 먹어요?

　　B: 아니요, _____

(3) A: 어제 숙제를 했어요?

　　B: 아니요, _____

(4) A: 지난주에 영화를 봤어요?

　　B: 아니요, _____

(5) A: 친구를 만났어요?

　　B: 아니요, _____

(6) A: 오후에 수업이 있어요?

　　B: 아니요, _____

1. 다음을 연결하십시오.

| 생일 파티 | 초대장 | 케이크 |
| 생일 선물 | 생일 축하 카드 | 생일 축하 노래 |

(1) 생일 파티를   •━━━━━━━━━━━━━━━━━•   ㉠ 하다

(2) 초대장을   •   • ㉡ 사다

(3) 케이크를   •   • ㉢ 보내다

(4) 생일 선물을   •   • ㉣ 주다

(5) 생일 축하 카드를   •   • ㉤ 부르다

(6) 생일 축하 노래를   •   • ㉥ 쓰다

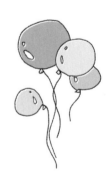

2. 다음 〈보기〉에서 골라 쓰십시오.

보기

생일   파티   초대장   선물

(1) 오늘은 제 (　　　　　)이에요.

(2) 어머니는 생일 (　　　　　)를 준비했어요.

(3) 저는 친구들에게 (　　　　　)을 보냈어요.

(4) 저는 (　　　　　)을 받았어요.

3. 다음을 보고 쓰십시오.

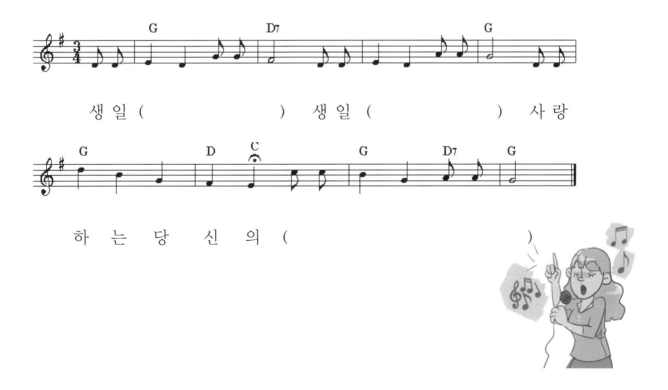

생 일 (　　　　　) 생 일 (　　　　　) 사 랑

하 는 당 신 의 (　　　　　　　　　)

1. 다음을 보고 쓰십시오.

읽다	읽으세요	쓰다	
웃다		지우다	
찾다		말하다	
앉다		일어나다	
덮다		펴다	
씻다		운동하다	
입다		공부하다	
신다		숙제하다	
찍다		연습하다	
★먹다/드시다		일하다	
★자다/주무시다			
★있다/계시다			

2. 다음 〈보기〉와 같이 쓰십시오.

> **보기**
>
> 지난 주말에 동동 씨는 민수 씨 집에 <u>갔습니다.</u> (가다)

동동 씨는 옷을 (1)_____(입다)

민수 씨를 만났습니다. (2)_____(반갑다)

민수 씨 집은 깨끗하고 (3)_____(아름답다)

그러나 민수 씨 방은 (4)_____(좁다)
우리는 잡채와 떡볶이를 먹었습니다.

떡볶이는 아주 (5)_____(맵다)
그래서 물을 많이 마셨습니다.

물은 (6)_____(차갑다)

3. 다음 〈보기〉와 같이 쓰십시오.

보기

내일은 학교에 일찍 오다.
→ 내일은 학교에 일찍 <u>오겠습니다.</u>

(1) 불고기를 먹다.

→ _____

(2) 영화를 보다.

→ _____

(3) 커피를 마시다.

→ _____

(4) 도서관에서 공부하다.

→ _____

(5) 동대문 시장에서 쇼핑하다.

→ _____

(6) 경복궁을 구경하다.

→ _____

다음 〈보기〉에서 골라 쓰십시오.

> 보기
>
> 맵다 　　　 맛없다
>
> 달다 　　　 맛있다
>
> 짜다 　　 시다 　　　 쓰다

(1) 김치찌개는 (　　　　　　　　　　　).

(2) 커피는 (　　　　　　　　　　　).

(3) 아이들은 사탕을 좋아해요.

　　 사탕은 (　　　　　　　　　　　).

(4) 레몬차를 좋아해요.

　　 레몬차는 (　　　　　　　　　　　).

(5) 소금은 (　　　　　　　　　　　).

1. 다음을 읽고, '-고 싶습니다'를 연결해서 문장을 쓰십시오.

(1) 배가 고프다.	• 기숙사에서 쉬다.
(2) 피곤하다.	• 아이스크림을 먹다.
(3) 덥다.	• 밥을 먹다.
(4) 배가 아프다.	• 병원에 가다.
(5) 쇼핑을 좋아하다.	• 명동에 가다.

(1) 배가 고픕니다. 밥을 먹고 싶습니다.

(2) 피곤합니다. _____

(3) 날씨가 덥습니다. _____

(4) 배가 아픕니다. _____

(5) 쇼핑을 좋아합니다. _____

2. 다음 〈보기〉와 같이 쓰십시오.

> **보기**
>
> 에밀리 : "물을 마시고 싶어요."
> → 에밀리 씨는 물을 마시고 싶어 해요.

(1) 수빈 : "저는 겨울에 결혼하고 싶어요."

→ _____

(2) 솔롱고 : "몽골 음식을 먹고 싶습니다."

→ _____

(3) 흐엉 : "부모님을 만나고 싶어요."

→ _____

(4) 왕동동 : "기숙사에서 쉬고 싶어요."

→ _____

(5) 아사코 : "차를 마시고 싶어요."

→ _____

(6) 수잔 : "책을 읽고 싶어요."

→ _____

(7) 케이트 : "운동을 하고 싶어요."

→ _____

3. 다음 〈보기〉와 같이 쓰십시오.

> **보기**
>
> 김치가 맵다 / 맛있다.
> → 김치가 <u>맵지만 맛있어요.</u>

(1) 한국어가 재미있다 / 어렵다

→ _____

(2) 영화가 길다 / 재미있다

→ _____

(3) 음식이 비싸다 / 맛있다.

→ _____

(4) 기숙사가 조금 좁다 / 깨끗하다

→ _____

(5) 어제 잠을 안 잤다 / 오늘 피곤하지 않다

→ _____

(6) 영화를 보고 싶다 / 시간이 없다

→ _____

(7) 피곤하다 / 친구와 영화를 보고 싶다.

→ _____

4. 다음을 보고 쓰십시오.

(1) A : 김치가 매워요?

 B : 아니요, 김치가 <u>맵지 않아요.</u>

(2) A : 시험 문제는 어려워요?

 B : 아니요, _____

(3) A : 수업을 시작했어요?

 B : 아니요, 수업을 시작하지 _____

(4) A : 김치를 좋아해요?

 B : 아니요, 김치를 _____

(5) A : 왕동동 씨는 매일 청소합니까?

 B : 아니요, 저는 _____

(6) A : 친구가 9시에 도착했어요?

 B : 아니요, 친구는 _____

(7) A : 숙제를 다 했어요?

 B : 아니요, 숙제를 다 _____

(8) A : 한국어가 어렵습니까?

 B : 아니요, 한국어가 _____

5. 다음 〈보기〉에서 골라 쓰십시오.

보기

불고기를 먹다	영화를 보다
만나다	마시다
도서관에 가서 숙제를 하다	식당에 가다
쇼핑하다	청소하다
쉬다	이야기하다

다음 주 주말에는 친구가 한국에 옵니다.

저는 인천 공항에서 오후 1시에 친구를 <u>만나겠습니다.</u>

점심 시간입니다. 우리는 (1)_____

친구는 한국 음식을 아주 좋아합니다. (2)_____

다음 날에는 명동에서 (3)_____

그리고 커피숍에서 친구와 (4)_____

차도 (5)_____

136

1. 다음을 듣고 물음에 답하십시오.

(1) 지금 두 사람은 어디에 있어요? (   )

　　① 한식집
　　② 중국 음식집
　　③ 일식집
　　④ 양식집

(2) 두 사람은 무엇을 먹어요? (   )

　　① 삼계탕 2인분
　　② 냉면 두 그릇
　　③ 삼계탕 1인분, 냉면 한 그릇
　　④ 닭고기 2인분

(3) 들은 내용과 같으면 ○, 다르면 × 하세요.

　　① 마이클 씨는 고기를 먹고 싶어합니다. (   )
　　② 동동 씨는 냉면을 먹고 싶어합니다. (   )
　　③ 삼계탕은 맵지 않습니다. (   )
　　④ 동동 씨는 냉면을 좋아하지 않습니다. (   )
　　⑤ 이 식당 음식은 모두 맛이 있습니다. (   )

2. 다음을 듣고 물음에 답하십시오.

(1) 장나나 씨가 무슨 음식을 좋아해요? (   )

   ① 갈비탕
   ② 돈가스
   ③ 피자
   ④ 쌀국수

(2) 오늘 저녁은 무엇을 먹어요?

   (   )

(3) 들은 내용과 같으면 ○, 다르면 × 하세요.

   ① 동동 씨가 저녁을 삽니다. (   )
   ② 두 사람은 중국 음식점에 갑니다. (   )
   ③ 순두부찌개는 맛이 십니다. (   )
   ④ 오늘은 갈비탕을 먹겠습니다. (   )

3. 다음을 듣고 물음에 답하십시오.

(1) 두 사람은 무엇을 먹었어요? (   )

    ① 삼겹살   ② 갈비탕

    ③ 김치찌개   ④ 쌀국수

(2) 왜 그 식당에 사람이 많아요? 모두 고르세요. (   )

    ① 음식이 많아요.   ② 값이 싸요.

    ③ 음식이 맛있어요.   ④ 몽골 음식을 팔아요.

(3) 솔롱고 씨와 나는 무엇을 마셨어요? (   )

    ① 주스 - 커피   ② 레몬차 - 주스

    ③ 레몬차 - 커피   ④ 커피 - 녹차

(4) 들은 내용과 같으면 ○, 다르면 × 하세요.

    ① 나는 레몬차를 좋아해요. (   )

    ② 나는 삼겹살을 자주 먹었어요. (   )

    ③ 우리는 삼겹살을 좋아하지 않았어요. (   )

    ④ 이번 주말에는 몽골 음식을 먹겠어요. (   )

    ⑤ 삼겹살을 2인분 먹었어요. (   )

1. 다음을 읽고 물음에 답하십시오.

어제 상민 씨와 저는 쇼핑을 했어요. 백화점 1층과 2층에 옷 가게가 있어요. 5층에는 식당이 있어요. 우리는 2층에서 상민 씨 바지를 샀어요. 옷이 조금 비쌌어요. 그리고 5층에 갔어요. 5층에는 여러 나라 음식점이 있었어요. 한식집, 일식집, 중국 음식점, 양식집이 있었어요. 상민 씨는 쌀국수를 먹고 싶어 했어요. 그러나 베트남 음식점은 없었어요. 그래서 한식집에 갔어요. 우리는 불고기와 냉면을 먹었어요. 불고기 2(ㄱ)와/과 냉면 2그릇을 시켰어요. 음식이 맛있지만 비쌌어요.

(1) 어제 우리는 무엇을 했어요? 모두 고르세요. (   )

① 쇼핑을 했어요.   ② 베트남 음식점에 갔어요.
③ 영화를 봤어요.   ④ 불고기를 먹었어요.

(2) 상민 씨는 무엇을 먹고 싶어 했어요? (   )

① 자장면   ② 불고기   ③ 냉면   ④ 쌀국수

(3) 우리는 무슨 음식점에 갔어요? (   )

① 한식집   ② 일식집   ③ 베트남 음식점   ④ 중국 음식점

(4) 다음 (ㄱ)에 들어갈 말을 쓰세요.

(ㄱ) (_____)

2. 다음을 읽고 물음에 답하시오.

상민 씨와 마이클 씨는 친구입니다. 두 사람은 한국어 공부를 했어요. 그리고 점심을 먹고 싶었어요. 그래서 식당에 갔어요.

상민: 뭘 드시겠어요?

마이클: 상민 씨, 삼계탕은 맵지 않아요?

상민: 네, 삼계탕은 맵지 않아요.

마이클: 그럼, 저는 삼계탕을 먹고 싶어요.

상민: 이 식당에 삼계탕이 있어요?

종업원: 미안합니다. 삼계탕은 없어요.

마이클: 그럼, 불고기는 있어요?

종업원: 네, 불고기는 있어요.

상민: 불고기는 맵지 않아요. 짜지 않아요.
우리 불고기를 먹어요.

마이클: 네, 좋아요.

상민: 저는 냉면도 먹고 싶어요.
불고기 2인분하고 냉면 하나 주세요.

종업원: 네, 알겠습니다.

상민: 먼저 물 좀 주세요.

(1) 마이클 씨와 상민 씨는 어디에 갔어요? (   )

　　① 양식집

　　② 일식집

　　③ 한식집

　　④ 중국 음식집

(2) 두 사람이 무슨 음식을 시켰어요? 모두 고르세요. (   )

　　① 삼계탕

　　② 냉면

　　③ 자장면

　　④ 불고기

(3) 마이클 씨는 처음에 무엇을 먹고 싶어 했어요? (   )

　　① 삼계탕

　　② 냉면

　　③ 잡채

　　④ 불고기

(4) 읽은 내용과 같으면 ○, 다르면 × 하세요.

　　① 마이클 씨는 상민 씨하고 한국어를 공부했어요. (   )

　　② 삼계탕과 불고기는 모두 맵지 않아요.　　　　 (   )

　　③ 상민 씨는 냉면을 먹고 싶어 해요.　　　　　　 (   )

　　④ 불고기는 조금 짜요.　　　　　　　　　　　　 (   )

　　⑤ 이 식당에는 삼계탕이 있어요.　　　　　　　 (   )

1. 다음을 보고 쓰십시오.

(1) 지난 주말에 무슨 음식을 먹었습니까?

(2) 오늘 저녁에 무슨 음식을 먹고 싶습니까?

(3) 어디에서 누구하고 먹고 싶습니까?

2. 다음을 보고 쓰십시오.

    (1) 어디에서 자주 밥을 먹습니까?

    (2) 왜 그 식당에 자주 갑니까?

    (3) 무슨 음식이 맛있습니까?

7과

가족

1. 다음을 보고 쓰십시오.

(1) 우리집 남자는 모두 5명이에요. (   )에 쓰세요.

① (외할아버지   )   ② (   )

③ (   )   ④ (   )

⑤ (   )

(2) 우리집 여자는 모두 6명이에요. (   )에 쓰세요.

① (   )   ② (   )   ③ (   )

④ (   )   ⑤ (나   )   ⑥ (   )

146

2. 다음을 보고 쓰십시오.

(1) 우리집 남자는 모두 4명이에요. ( )에 쓰세요.

①(   )   ②(   )
③(   )   ④(   )

(2) 우리집 여자는 모두 4명이에요. ( )에 쓰세요.

①(   )   ②(   )
③(   )   ④(   )

3. 다음을 연결하십시오.

(1) 이름   •   • ① 연세

(2) 나이   •   • ② 성함

(3) 집   •   • ③ 진지

(4) 밥   •   • ④ 댁

(5) 말   •   • ⑤ 말씀

(6) -이/가 •   • ⑥ -께서

4. 다음 〈보기〉에서 골라 쓰십시오.

> 보기
>
> 댁   성함   진지   연세

(1) 할아버지, 이름이 뭐예요?

   → 할아버지, (   )이 어떻게 되세요?

(2) 할머니, 올해 나이가 몇 살이에요?

   → 할머니, 올해 (   )가 어떻게 되세요?

(3) 할아버지, 집이 어디예요?

   → 할아버지, (   )이 어디세요?

(4) 할머니, 밥을 먹었어요?

   → 할머니, (   ) 드셨어요?

5. 다음 〈보기〉와 같이 쓰십시오.

〈보기〉

할아버지가 오세요.
→ 할아버지(께서) 오세요.

(1) 할머니가 일어나셨어요.

→ 할머니(   ) 일어나셨어요.

(2) 할아버지도 일어나셨어요.

→ 할아버지(   ) 일어나셨어요.

(3) 선생님은 책을 읽으세요.

→ 선생님(   ) 책을 읽으세요.

(4) 아버지는 운동을 하세요.

→ 아버지(   ) 운동을 하세요.

(5) 부모님이 한국에 오셨어요.

→ 부모님(   ) 한국에 오셨어요.

(6) 어머니가 공무원이세요.

→ 어머니(   ) 공무원이세요.

1. 다음을 보고 쓰십시오.

앉다	앉으십니다	앉으셨습니다	앉으세요	앉으셨어요
읽다				
웃다				
찾다				
돕다				
일어나다				
말하다				
쓰다				
아름답다				
작다				
운동하다				
일하다				
선생님이다				
의사(이)다				

2. 다음 표를 〈1번〉과 같이 쓰십시오.

	먹다				
	자다				
있다	계시다				
	있으시다				

3. 다음 〈보기〉와 같이 쓰십시오.

> 보기
>
> 할머니께서는 안경을 (찾다 → <u>찾으십니다</u>)

(1) 할아버지께서는 신문을 (읽다 →   )

(2) 외할머니께서는 방에서 (자다 →   )

(3) 어머니께서는 백화점에 (가다 →   )

(4) 아버지께서는 지금 집에 (있다 →   )

(5) 저 분은 (선생님이다 →   )

(6) 선생님께서는 자동차가 (있다 →   )

4. 다음 〈보기〉와 같이 쓰십시오.

> A: 어제 무엇을 (<u>하셨습니까</u>)?
> B: 저는 어제 숙제를 했습니다.

(1) A: 어제 무엇을 (   )?

   B: 저는 어제 신문을 읽었습니다.

(2) A: 몇 시에 (   )?

   B: 저는 6시에 일어났습니다.

(3) A: 어제 몇 시에 (   )?

   B: 저는 어제 아침 7시에 운동했습니다.

(4) A: 언제 한국에 (   )?

   B: 작년에 한국에 왔어요.

(5) A: 어제 어디에서 (   )?

   B: 저는 어제 기숙사에서 잤어요.

(6) A: 선생님, 어제 수업이 (   )?

   B: 네, 어제 수업이 있었어요.

5. 다음 〈보기〉와 같이 쓰십시오.

> **보기**
>
> 어머니께서 커피를 (마시다 → <u>드세요</u>)

(1) 할머니께서는 책을 (읽다)

   → _____

(2) 선생님께서 과일을 (먹다)

   → _____

(3) 할아버지께서 안경을 (찾다)

   → _____

(4) 어머니께서 영화를 (보다)

   → _____

(5) 할머니께서 정말 (아름답다)

   → _____

(6) 아버지께서는 (공무원이다)

   → _____

6. 다음 〈보기〉와 같이 쓰십시오.

> 보기
>
> 아버지<u>가</u> 회사에 <u>갔어요</u>.
> → 아버지<u>께서</u> 회사에 <u>가셨어요</u>.

(1) 할아버지가 무엇을 했어요?

→ _____

(2) 선생님이 책을 읽었어요.

→ _____

(3) 할머니도 방에서 잤어요.

→ _____

(4) 어머니는 부엌에서 요리를 했어요.

→ _____

(5) 부모님은 외출했어요.

→ _____

(6) 이모는 커피를 마셨어요.

→ _____

7. 다음 〈보기〉와 같이 쓰십시오.

보기

제 친구는 아름다워요. 제 친구는 친절해요.
→ 제 친구는 아름답고 친절해요.

(1) 이 음식은 맛있어요. 이 음식은 싸요.

→ _____

(2) 제 방은 넓어요. 제 방은 깨끗해요.

→ _____

(3) 한국어는 쉬워요. 한국어는 재미있어요.

→ _____

(4) 저는 공원에서 산책해요. 저는 공원에서 책을 읽어요.

→ _____

(5) 저는 밥을 먹어요. 동생은 라면을 먹어요.

→ _____

(6) 이 음식은 매워요. 저 음식은 달아요.

→ _____

(7) 아버지께서는 의사세요. 어머니께서는 선생님이세요.

→ _____

8. 다음 〈보기〉와 같이 쓰십시오.

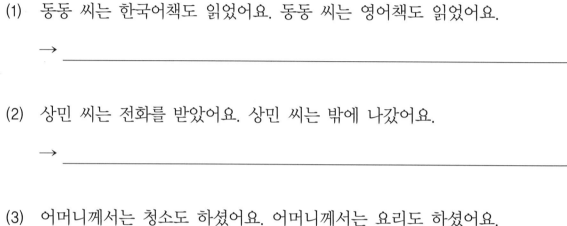

보기

저는 밥도 먹었어요. 저는 차도 마셨어요.
→ <u>저는 밥도 먹고 차도 마셨어요.</u>

(1) 동동 씨는 한국어책도 읽었어요. 동동 씨는 영어책도 읽었어요.

→ _____

(2) 상민 씨는 전화를 받았어요. 상민 씨는 밖에 나갔어요.

→ _____

(3) 어머니께서는 청소도 하셨어요. 어머니께서는 요리도 하셨어요.

→ _____

(4) 저는 밥을 먹었어요. 동생은 라면을 먹었어요.

→ _____

(5) 할아버지께서는 차를 드셨어요. 할머니께서는 커피를 드셨어요.

→ _____

(6) 아버지께서는 의사셨어요. 어머니께서는 선생님이셨어요.

→ _____

156

9. 다음 〈보기〉와 같이 쓰십시오.

보기

저는 숙제해요. 저는 운동해요.
→ 저는 숙제하고 운동해요.

(1) 저는 청소해요. 저는 빨래해요.

→ _____

(2) 동생은 숙제해요. 동생은 운동해요.

→ _____

(3) 언니는 밥을 먹어요. 언니는 산책을 해요.

→ _____

(4) 오빠는 산책을 해요. 오빠는 밥을 먹어요.

→ _____

(5) 저는 쇼핑을 해요. 저는 영화를 봐요.

→ _____

(6) 제 동생은 영화를 봐요. 제 동생은 쇼핑을 해요.

→ _____

10. 다음 〈보기〉와 같이 쓰십시오.

보기

저는 밥을 먹었어요. 저는 차를 마셨어요.
→ <u>저는 밥을 먹고 차를 마셨어요.</u>

(1) 저는 운동했어요. 저는 숙제했어요.

→ _____

(2) 동생은 숙제했어요. 동생은 운동했어요.

→ _____

(3) 언니는 밥을 먹었어요. 언니는 산책을 했어요.

→ _____

(4) 오빠는 산책을 했어요. 오빠는 밥을 먹었어요.

→ _____

(5) 저는 쇼핑을 했어요. 저는 영화를 보았어요.

→ _____

(6) 제 동생은 영화를 봤어요. 제 동생은 쇼핑을 했어요.

→ _____

158

1. 다음을 보고 쓰십시오.

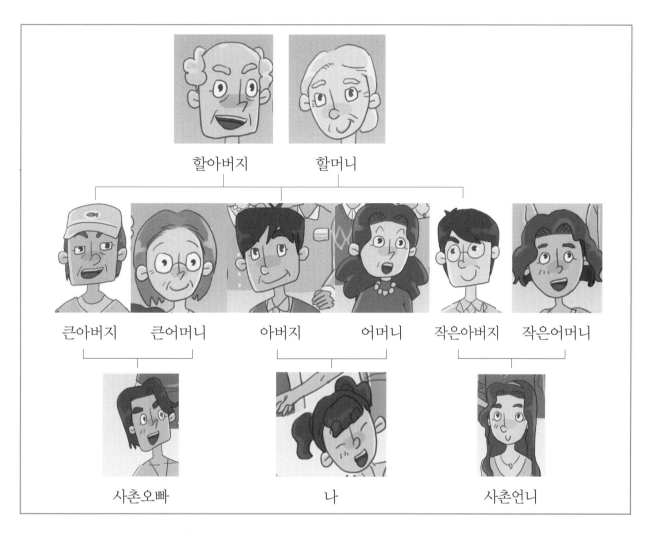

(1) 아버지의 형은 누구예요?

(   )

(2) 아버지의 동생은 누구예요?

(   )

(3) 할아버지의 손자, 손녀는 누구누구예요?

(   )

2. 다음을 연결하십시오.

(1) 먹다 •   • ① 드시다

(2) 자다 •   • ② 주무시다

(3) 있다 •   • ③ 돌아가시다

(4) 죽다 •   • ④ 계시다, 있으시다

3. 다음 〈보기〉와 같이 쓰십시오.

> 보기
>
> 할머니는 밥을 <u>먹어요</u>?
> → 할머니께서는 진지를 (<u>드세요</u>)?

(1) 할아버지는 지금 자요?

   → 할아버지께서는 지금 (   )?

(2) 할머니는 집에 있어요?

   → 할머니께서는 댁에 (   )?

(3) 선생님은 시간이 있어요?

   → 선생님께서는 시간이 (   )?

(4) 어머니는 지금 무엇을 먹어요?

   → 어머니께서는 지금 무엇을 (   )?

1. 다음 〈보기〉와 같이 쓰십시오.

> 보기
>
> 동생은 커요. 저는 더 커요.
> → 저는 동생보다 더 커요.

(1) 저 건물이 높아요. 이 건물이 더 높아요.

→ _____

(2) 저 옷이 비싸요. 이 옷이 더 비싸요.

→ _____

(3) 어머니께서 바쁘세요. 아버지께서 더 바쁘세요.

→ _____

(4) 오빠는 한국어를 잘해요. 저는 한국어를 더 잘해요.

→ _____

(5) 작년은 더웠어요. 올해는 더 더워요.

→ _____

2. 다음 〈보기〉와 같이 쓰십시오.

보기

> A: 누가 더 날씬해요? (저 53kg, 언니 60kg)
>
> B: <u>제가 언니보다 더 날씬해요.</u>

(1) A: 누가 더 커요? (저 157cm, 동생 165cm)

　　B: _____

(2) A: 무엇이 더 무거워요? (이 책상 40kg, 저 책상 50kg)

　　B: _____

(3) A: 어디가 더 높아요? (이 건물 100층, 저 건물 120층)

　　B: _____

(4) A: 무엇이 더 많아요? (우유 150ml, 주스 200ml)

　　B: _____

(5) A: 언제가 더 더웠어요? (그저께 35°, 어제 32°)

　　B: _____

3. 다음을 보고 쓰십시오.

기본형	-ㅂ니다	-아/어요	-았/었어요
배고프다			
나쁘다			
모으다			
바쁘다			
아프다			
기쁘다			
예쁘다			
슬프다			
끄다			
쓰다			
크다			

4. 다음 〈보기〉와 같이 쓰십시오.

보기

오늘 기분이 (<u>나빠요</u>) (나쁘다)

(1) 동동 씨는 지금 (   ) (배고프다)

(2) 서영 씨는 돈을 (   ) (모으다)

(3) 저는 오늘 (   ) (바쁘다)

(4) 제 친구는 아주 (   ) (예쁘다)

(5) 동생은 어제 (   ) (아프다)

(7) 저는 어제 친구와 싸웠어요.

아주 (   ) (슬프다)

(8) 저는 작년에 친구보다 더 (   ) (크다)

(9) 저는 어제도 모자를 (   ) (쓰다)

(10) 그저께 누가 컴퓨터를 (   )? (끄다)

5. 다음 〈보기〉와 같이 쓰십시오.

> A: 어디가 아프세요?
> B: <u>배가 아파요.</u>

(1) A: 지금 바쁘세요? (안 바쁘다)

   B: _____

(2) A: 지금 배가 고프세요? (안 고프다)

   B: _____

(3) A: 지금 무엇을 하세요? (불을 끄다)

   B: _____

(4) A: 어제 기분이 어땠어요? (슬프다)

   B: _____

(5) A: 어제 무엇을 했어요? (편지를 쓰다)

   B: _____

(6) A: 지난주에 친구를 만났어요? (아주 기쁘다)

   B: 네, _____

6. 다음 〈보기〉와 같이 쓰십시오.

> A: 오늘 날씨가 어때요?
>
> B: <u>날씨가 참 좋네요.</u>

(1) A: 이 식당 음식이 어때요? (참 맛있다)

B: _____

(2) A: 제 여자친구예요. (정말 예쁘다)

B: _____

(3) A: 김치찌개 맛이 어때요? (조금 맵다)

B: _____

(4) A: 우리 가족은 모두 10명이에요. (많다)

B: _____

(5) A: 제 남자 친구 사진이에요. (멋있다)

B: _____

(6) A: 우리 어머니 사진이에요. 어때요? (아주 아름답다)

B: _____

1. 다음을 듣고 물음에 답하십시오.

(1) 서영 씨 가족은 모두 몇 명이에요? (   )

    ① 3명

    ② 4명

    ③ 5명

    ④ 6명

(2) 동동 씨 가족이 <u>아닌</u> 사람은 누구예요? (   )

    ① 아버지

    ② 형

    ③ 누나

    ④ 여동생

(3) 서영 씨 아버지께서는 무슨 일을 하세요? (   )

    ① 선생님

    ② 회사원

    ③ 경찰관

    ④ 은행원

(4) 동동 씨 어머니께서는 무슨 일을 하세요? (   )

    ① 의사

    ② 간호사

    ③ 주부

    ④ 선생님

2. 다음을 듣고 물음에 답하십시오.

(1) 마이클 씨 여동생은 무슨 일을 해요? (   )

① 회사원　　　　　② 선생님
③ 학생　　　　　　④ 공무원

(2) 마이클 씨 가족 소개가 <u>아닌</u> 것을 고르세요. (   )

① 마이클 씨는 여동생보다 작아요.
② 마이클 씨 가족은 모두 4명이에요.
③ 마이클 씨 부모님은 춤을 좋아하세요.
④ 마이클 씨 부모님은 모두 선생님이세요.

(3) 카잉 씨 할아버지와 할머니 소개가 <u>아닌</u> 것을 고르세요. (   )

① 카잉 씨 할머니께서는 저녁에 산책을 하세요.
② 카잉 씨 할아버지께서는 아침에 산책을 하세요.
③ 카잉 씨 할아버지와 할머니께서는 노래를 좋아하세요.
④ 카잉 씨 할아버지와 할머니께서는 운동을 좋아하세요.

(4) 카잉 씨 부모님 직업은 무엇이에요? (   )

① 회사원, 주부　　　② 회사원, 은행원
③ 의사, 은행원　　　④ 은행원, 학생

1. 다음 글을 읽고 물음에 답하십시오.

> 우리 가족은 모두 다섯 명이에요. 아버지, 어머니, 오빠, 남동생 그리고 저예요. 저는 ㉠2남 1녀 중 둘째예요. 아버지와 어머니께서는 ㉡나이가 같으세요. 올해 예순 아홉이세요. 부모님께서는 모두 노래를 정말 좋아하세요. 그래서 매주 주말에 노래방에 가세요.
>
> 우리 오빠는 5년 전에 결혼했어요. 아이가 두 명 있어요. 첫째는 아들이고, 둘째는 딸이에요. 첫째는 아빠를 닮고, 둘째는 엄마를 닮았어요. 둘 다 너무 귀여워요.
>
> 남동생은 올해 스물다섯 살이에요. 제 남동생은 꿈이 요리사예요. 그래서 작년에 프랑스에 유학을 갔어요. 프랑스에서 요리를 배워요.
>
> 저는 우리 집 외동딸이에요. 부모님은 저를 사랑하세요. 저도 우리 가족을 정말 사랑해요.

(1) ㉠2남 1녀는 무엇을 의미합니까? 쓰십시오.

(   )

(2) 부모님께서는 내년에 연세가 어떻게 되십니까? (   )

(3) ㉡을 알맞게 고치세요. (   )

(4) 내용과 <u>다른</u> 것을 고르세요. (   )

    ① 동생 직업은 요리사예요.
    ② 저는 언니와 여동생이 없어요.
    ③ 제 남동생은 지금 한국에 없어요.
    ④ 부모님께서는 매주 노래방에 가세요.

2. 다음 글을 읽고 물음에 답하십시오.

> 오늘은 할아버지 ㉠생일이세요. 할아버지께서는 올해 여든 일곱이세요. 할머니께서는 작년에 ㉡돌아가셨어요. 우리 가족과 친척들은 할아버지 댁에서 만났어요. 큰아버지와 큰어머니께서는 사촌오빠와 함께 오셨어요. 작은아버지와 작은어머니께서도 사촌언니와 함께 오셨어요. 큰어머니께서는 우리 어머니보다 키가 더 크시고 머리가 짧으세요. 작은 어머니께서는 우리 어머니보다 키가 더 작으시고 머리가 기세요. 어머니께서는 음식을 준비하셨어요. 오빠와 조카들은 선물을 포장하고 노래를 연습했어요. 저는 케이크를 사고 맥주도 샀어요.
>
> 우리는 생일축하 노래를 부르고 음식을 먹었어요. 할아버지께서는 선물을 받으시고 아주 좋아하셨어요.

(1) ㉠의 높임말을 쓰세요. (   )

(2) ㉡과 같은 것을 고르세요. (   )

① 고향에 가셨어요   ② 죽었어요   ③ 집에 가셨어요   ④ 시골에 가셨어요

(3) 내용과 <u>다른</u> 것을 고르세요. (   )

① 작은 어머니께서 제일 크세요.
② 할아버지께서는 올해 87세이세요.
③ 사촌오빠, 사촌언니는 할아버지 손자, 손녀예요.
④ 큰아버지, 작은아버지는 할아버지 아들들이에요.

1. 친척 집을 방문한 이야기를 쓰십시오.

(1) 친척 집에 언제 갔습니까?

(2) 친척 집에 왜 갔습니까?

(3) 친척 집에서 무엇을 했습니까?

8과

약속

1. 다음 전화번호를 읽고 한글을 쓰십시오.

(1) 순천향대학교 041-530-3114 _____

(2) 순천향대학교 병원 02-709-9114 _____

(3) 전화번호 안내 114 _____

(4) 아산여행사 041-545-3844 _____

(5) 신한은행 고객상담 센터 1577-8000 _____

(6) 선생님 휴대폰 번호 _____, _____

2. 다음 〈보기〉에서 골라 쓰십시오.

전화를 걸다	전화를 받다	전화를 바꿔 주다
전화를 끊다	통화 중이다	

(1) 흐엉 씨가 마이클 씨에게 전화를 _____ -었/았/였어요.

(2) 그러나 마이클 씨 전화는 "뚜 뚜 뚜" _____ -었/았/였어요.

(3) 마이클 씨 동생이 _____ -었/았/였어요.

(4) 마이클 씨 동생은 마이클 씨에게 _____ -었/았/였어요.

(5) 흐엉 씨와 마이클 씨는 이야기를 했어요.

그리고 _____ -었/았/였어요.

3. 다음을 연결하고 문장을 쓰십시오.

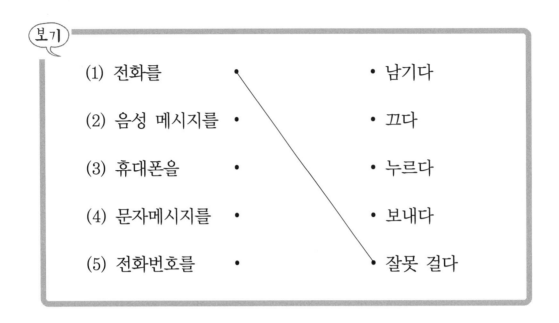

(1) 전화를 <u>잘못 걸었어요.</u>(-었/았어요).

(2) 음성메시지를 _____ -아/어 주세요.

(3) 휴대폰을 _____ -아/어 주세요.

(4) 문자메시지를 _____ -었/았어요.

(5) 전화번호를 _____ -었/았어요.

4. 다음 〈보기〉에서 골라 쓰십시오.

> **보기**
>
> 네, 그런데요.　　　　　　　　김 선생님 댁이지요?
>
> 좀 바꿔 주세요.(부탁합니다)　　전화번호 좀 가르쳐 주세요.
>
> 전화 잘못 걸었습니다.　　　　제가 흐엉이에요.

---

(1) A: 여보세요. 마이클 씨 집이지요?

　　B: ＿＿＿＿＿＿＿＿＿＿＿＿＿＿＿＿＿＿＿＿＿

　　A: 마이클 씨 있어요?

　　B: 네, 전데요(저입니다).

---

(2) A: 여보세요. 거기 ＿＿＿＿＿＿＿＿＿＿＿＿＿＿＿＿

　　B: 네.

　　A: 김 선생님 계세요?

　　B: 네, 잠깐만 기다리세요.

(3) A: 여보세요. 거기 한교원이지요?

B: 네.

A: 김 선생님 _____

B: 네, 잠깐만 기다리세요.

(4) A: _____

B: 네, 전화번호는 465–2745예요.

A: 고맙습니다.

(5) A: 여보세요. 거기 흐엉 씨 집이지요?

B: 아니에요. _____

A: 죄송합니다.

(6) A: 흐엉 씨 좀 바꿔 주세요.

B: _____ 실례지만 누구세요?

A: 저는 마이클이에요.

1. 다음 〈보기〉와 같이 쓰십시오.

> 보기
>
> 한국 음식이 <u>맛있지요</u>? (맛있다)
> → 네, <u>한국 음식이 맛있어요.</u>

(1) 제주도가 _____? (아름답다)

→ 네, _____

(2) 한국 사람이 _____? (친절하다)

→ 네, _____

(3) 김치가 _____? (맵다)

→ 네, _____

(4) 한국어가 영어보다 _____? (쉽다)

→ 네, _____

(5) 여기가 _____? (학생 식당이다)

→ 네, _____

(6) 날씨가 _____?(덥다)

→ 네, _____

2. 다음 〈보기〉와 같이 쓰십시오.

보기

나나 씨를 바꾸다
→ 나나 씨를 좀 <u>바꿔 주세요.</u>

(1) 불을 끄다.

→ _____

(2) 친구에게 전화를 걸다.

→ _____

(3) 아이스크림을 사다.

→ _____

(4) 칠판에 쓰다.

→ _____

(5) 천천히 말하다.

→ _____

(6) 문을 닫다.

→ _____

(7) 사진을 찍다.

→ _____

3. 다음 〈보기〉와 같이 쓰십시오.

> 〈보기〉
>
> 나나 씨를 바꿔 줄까요?
>
> → 네, 나나 씨를 좀 <u>바꿔 주세요.</u>

(1) A: 불을 꺼 줄까요?

    B: 네, 불을 좀 _____

(2) A: 친구에게 전화를 해 줄까요?

    B: 네, 친구에게 전화를 _____

(3) A: 문을 닫아 줄까요?

    B: 네, 문을 좀 _____

(4) A: 사진을 찍어 줄까요?

    B: 네, 사진을 좀 _____

(5) A: 가방에 책을 넣어 줄까요?

    B: 네, 가방에 책을 _____

(6) A: 메모를 남겨 줄까요?

    B: 네, 메모를 _____

(7) A: 전화번호를 가르쳐 줄까요?

    B: 네, 전화번호를 _____

4. 다음 〈보기〉와 같이 쓰십시오.

(1) 내일 집에 있겠어요.

→ _____

(2) 저는 불고기를 먹겠어요.

→ _____

(3) 이제 담배를 피우지 않겠어요.

→ _____

(4) 제가 책을 읽겠어요.

→ _____

(5) 선생님 수업을 잘 듣겠습니다.

→ _____

(6) 오늘 저녁은 제가 사겠습니다.

→ _____

(7) 오늘 오후에 친구를 만나겠습니다.

→ _____

5. 다음을 보고 쓰십시오.

기본형	-ㅂ/습니다	-아/어요	-(으)세요
살다	삽니다	살아요	사세요
울다			
날다			
달다			<del>X</del>
걸다			
알다			
팔다			
놀다			
만들다			

6. 다음 〈보기〉와 같이 쓰십시오.

보기

> 어제 친구와 같이 영화를 봤어요.
> → 어제 <u>친구랑 같이</u> 영화를 봤어요.

(1) 어제 누구와 같이 점심을 먹었어요?

→ _____

(2) 동동 씨는 마이클 씨와 같이 등산했어요.

→ _____

(3) 내일은 민준 씨하고 오겠습니다.

→ _____

(4) 슈퍼마켓에서 물하고 과일하고 치약을 샀어요.

→ _____

(5) 오늘 아침에 빵과 과자를 먹었어요.

→ _____

1. 다음 〈보기〉에서 골라 쓰십시오.

> 보기
>
> ① 국제 전화 　　　② 휴대폰 　　　③ 국가 번호
> ④ 지역 번호 　　　⑤ 전화번호

(1) 한국의 (　　　　)은/는 0082이고 중국의 국가번호는 0086이에요.

(2) 충청남도의 (　　　　)은/는 041이고, 서울의 지역번호는 02입니다.

(3) 순천향대학교 (　　　　)은/는 530-3114번입니다.

(4) 마이클 씨 (　　　　) 번호는 010-756-3878번입니다.

(5) 한국에서 중국에 (　　　　)을/를 해요.

2. 다음 〈보기〉에서 골라 쓰십시오.

> 보기
>
> ① 네, 저예요.   ② 전화번호 좀 가르쳐 주세요.
>
> ③ 여보세요.   ④ 잠깐만 기다리세요.
>
> ⑤ 전화 잘못 거셨습니다.   ⑥ 통화 중이에요.

(1)   A: <u>③여보세요.</u> 거기 영화관이지요?

       B: 네, 맞습니다.

(2)   A: 김민수 선생님 댁이지요? 선생님 계십니까?

       B: 네, _____.

       C: 전화 바꿨습니다. 김민수입니다.

(3)   A: 여보세요. 마이클 씨 좀 부탁합니다.

       B: _____. 말씀하세요.

(4)   A: 거기 김 선생님 댁이지요?

       B: 아니요, _____.

(5)   A: 흐엉 씨, 흐엉 씨 집 _____.

       B: 네, 276-7799번이에요.

(6)   A: 여보세요. 흐엉 씨와 통화하고 싶습니다.

       B: 흐엉 씨는 지금 _____. 조금 기다려 주세요.

1. 다음 〈보기〉와 같이 쓰십시오.

> 보기
>
> A: 숙제를 하세요 / 하십시오.
> B: 네, 숙제를 할 거예요 / 겁니다.

(1) A: 학교에 일찍 오세요.

  B: 네, 학교에 _____

(2) A: 친구에게 다시 전화를 해 주세요.

  B: 네, 친구에게 _____

(3) A: 식사를 하세요.

  B: 네, 식사를 _____

(4) A: 운동을 많이 하세요.

  B: 네, 운동을 _____

(5) A: 약을 드세요.

  B: 네, _____

(6) A: 책을 읽으십시오.

  B: 네, 책을 _____

2. 다음 〈보기〉와 같이 쓰십시오.

보기

우리는 서울에 <u>삽니다.</u> (살다)

(1) 어제 아버지께서 저에게 전화를 _____－ㅂ/습니다.(걸다)

(2) 저 사람을 _____－(으)세요?(알다)

(3) 이 초콜릿은 정말 _____－ㅂ/습니다.(달다)

(4) 이 시장에서는 생선을 _____－ㅂ/습니까?(팔다)

(5) 저는 내일 저녁에 음식을 _____(으)ㄹ 거예요.(만들다)

188

3. 다음 〈보기〉와 같이 쓰십시오.

(1) A: 어제 친구하고 뭘 했어요? (운동을 하다)

    B: 어제 _____

(2) A: 오늘 아침에는 뭘 먹었어요? (빵, 과자)

    B: 오늘 아침에는 _____

(3) A: 동동 씨는 누구하고 같이 등산했어요? (부모님)

    B: 동동 씨는 _____

(4) A: 내일은 누구하고 올 거예요? (여자 친구)

    B: 내일은 _____

(5) A: 슈퍼마켓에서 뭘 샀어요? (물, 과일, 치약)

    B: 슈퍼마켓에서 _____

1. 다음을 듣고 쓰십시오.

(1) _____

(2) _____

(3) _____

2. 다음을 듣고 물음에 답하십시오.

(1) 흐엉 씨는 어디에 전화하고 싶어 했어요?

_____

(2) 흐엉 씨가 어디에 전화했어요?

_____

(3) 흐엉 씨는 몇 번에 전화했어요?

_____

3. 다음을 듣고 물음에 답하십시오.

(1) 마이클 씨는 내일 무엇을 하고 싶어 해요?

_____

(2) 마이클 씨는 어디에 전화를 했어요?

_____

(3) 누가 전화를 받았어요?

_____

(4) 마이클 씨는 무엇을 사고 싶어 해요?

_____

(5) 지선 씨는 내일 시간이 있어요?

_____

(6) 마이클 씨와 지선 씨는 어디에서 몇 시에 만나요?

_____

(7) 다음을 듣고 같으면 ○, 다르면 × 하십시오.

① 마이클 씨는 친구 왕동동 씨 집에 전화했어요. (   )
② 마이클 씨는 내일 여행을 가고 싶어 했어요. (   )
③ 지선 씨가 처음에 전화를 받았어요. (   )
④ 내일 마이클 씨와 지선 씨는 쇼핑할 거예요. (   )
⑤ 마이클 씨는 옷을 사고 싶어 해요. (   )

1. 다음을 읽고 같으면 ○, 다르면 × 하십시오.

김 선생님은 동동 씨에게 전화를 하고 싶어 했습니다. 하지만 동동 씨는 휴대폰이 없습니다. 그래서 기숙사 친구, 손퐁 씨에게 전화를 걸었습니다.

"여보세요. 손퐁 씨 휴대폰이지요?"

"아닙니다. 전화 잘못 거셨어요."

"네, 거기 번호는 010-256-8634 아니에요?"

"아니요. 이 번호는 010-257-8634예요."

"미안합니다."

그래서 김 선생님은 다시 전화를 했습니다.

(1) 동동 씨는 김 선생님께 전화했어요. (   )

(2) 동동 씨는 휴대폰이 없어요. (   )

(3) 김 선생님은 손퐁 씨에게 전화했어요. (   )

(4) 손퐁 씨 휴대폰 번호는 010-256-8634예요. (   )

(5) 김 선생님은 전화를 잘못 걸었어요. (   )

2. 다음을 읽고 물음에 답하십시오.

흐엉: 솔롱고 씨, 어제 저에게 전화했어요?

솔롱고: 네, 제가 오후 2시쯤 전화를 걸었어요.
그런데 흐엉 씨가 휴대폰을 안 받았어요.

흐엉: 미안해요. 그 때 저는 친구와 같이 이야기했어요.

솔롱고: 아, 두 번 전화를 했어요. 그러나 모두 받지 않았어요.

흐엉: 그래서 문자메시지를 보냈어요?

솔롱고: 네, 내일 흐엉 씨와 같이 등산하고 싶어요.
그래서 문자를 보냈어요.

흐엉: 네, 내일 시간이 있어요. 같이 등산을 가요.

솔롱고: 그럼, 내일 오전 9시에 학교 정문 앞에서 만나요.

흐엉: 좋아요. 내일 만나요.

---

(1) 어제 누가 누구에게 전화했어요?

_____

(2) 흐엉 씨는 왜 전화를 받지 않았어요?

_____

(3) 솔롱고 씨는 내일 무엇을 하고 싶어 해요?

_____

(4) 솔롱고 씨와 흐엉 씨는 내일 언제, 어디에서 만나요?

_____

1. 친구에게 전화하십시오. 주말 약속을 하십시오.

A: _____

B: _____

A: _____

B: _____

A: _____

B: _____

A: _____

B: _____

A: _____

B: _____

A: _____

B: _____

A: _____

B: _____

2. 다음을 생각하고 대화를 만드십시오.

> 나 : 휴대폰이 없어요.　　　　나의 친구 : 휴대폰이 있어요.
>
> 선생님 : 나하고 전화하고 싶어요. 나에게 생일축하 인사를 하고 싶어요.

	_____
	_____
	_____
	_____
	_____
	_____
	_____
	_____
	_____
	_____
	_____

나 : 제주도에 가고 싶어요.
여행사 : 주말 비행기 표 ×, 월~금 비행기 표 ○

<table>
<tr><td></td><td></td></tr>
<tr><td></td><td></td></tr>
<tr><td></td><td></td></tr>
<tr><td></td><td></td></tr>
<tr><td></td><td></td></tr>
<tr><td></td><td></td></tr>
<tr><td></td><td></td></tr>
<tr><td></td><td></td></tr>
<tr><td></td><td></td></tr>
<tr><td></td><td></td></tr>
<tr><td></td><td></td></tr>
<tr><td></td><td></td></tr>
</table>

부록

듣기지문·모범 답안

열려라! 한국어 1 워크북 **듣기 지문**

1과 듣기

1.
(1) 이름   (2) 나라
(3) 사람   (4) 어느
(5) 회사원   (6) 학생

2.
(1) 안녕하세요?   (2) 이름이 무엇입니까?
(3) 저는 회사원입니다.   (4) 솔롱고 씨 직업은 무엇입니까?
(5) 만나서 반갑습니다.   (6) 제 이름은 마이클입니다.

3.
왕동동: 김정아 씨는 선생님입니까?
김정아: 네, 저는 한국어교육원 선생님입니다.
        왕동동 씨는 은행원입니까?
왕동동: 아니요, 저는 학생입니다.

4.
아사코: 카잉 씨는 몽골 사람입니까?
카잉: 아니요, 저는 베트남 사람입니다.
        아사코 씨는 선생님입니까?
아사코: 네, 저는 선생님입니다.
카잉: 아사코 씨 동생은 가수입니까?
아사코: 네, 제 동생은 가수입니다.
카잉: 제 동생은 은행원입니다.

1.
(1) 깨끗하다　　　　　　　　(2) 전자사전
(3) 열쇠　　　　　　　　　　(4) 지갑
(5) 우산　　　　　　　　　　(6) 책장
(7) 달력　　　　　　　　　　(8) 은행
(9) 운동장

2.
(1) 이것이 책상입니다.
(2) 아니요, 컴퓨터가 아닙니다.
(3) 책상 위에 공책이 있습니다.
(4) 가방은 의자 옆에 있습니다.
(5) 학생회관 안에는 은행하고 우체국이 있습니다.
(6) 서점은 학생회관 뒤에 있습니다.
(7) 시계 옆에는 창문이 있습니다.
(8) 책상 앞에는 칠판이 있습니다.
(9) 우체국은 백화점 왼쪽에 있습니다.

3.
　　우리 학교에는 여러 건물이 있습니다. 한국어교육원 건물이 있습니다. 그 옆에는 학생회관 건물이 있습니다. 학생회관 옆에는 우체국하고 은행도 있습니다. 또 기숙사에는 헬스장하고 세탁실이 있습니다. 우리 기숙사는 매우 편리합니다. 기숙사 앞에는 도서관이 있습니다.

4.
　　저는 왕둥둥입니다. 지금은 순천향대학교 기숙사에 있습니다. 제 친구 다나카 씨하고 있습니다. 우리 방에는 이층 침대하고 책상하고 옷장이 있습니다. 의자도 있습니다. 창문에는 커튼이 있습니다. 제 책상 위에는 가족사진이 있습니다. 벽에는 달력하고 시계가 있습니다.

1.

(1) A: 안녕하세요?

B: 안녕하세요?

A: 전화번호가 몇 번입니까?

B: 제 전화번호는 539-3059번입니다.

(2) A: 안녕하세요?

B: 네, 안녕하세요?

A: 전화번호가 몇 번입니까?

B: 제 전화번호는 757-5295번입니다.

2.

(1) 34

(2) 327

(3) 6,980

(4) 23,111

3.

(1) A: 이 연필은 얼마입니까?

B: 이 연필은 350원입니다.

(2) A: 이 가방은 얼마입니까?

B: 그 가방은 4,300원입니다.

(3) A: 저 책은 얼마입니까?

B: 저 책은 19,500원입니다.

(4) A: 저 신발은 얼마입니까?

B: 저 신발은 21,000원입니다.

(5) A: 그 컴퓨터는 얼마입니까?

B: 이 컴퓨터는 789,800원입니다.

4. (1) A: 사과 세 개에 얼마입니까?

　　 B: 2,000원입니다.

　 (2) A: 포도 한 상자에 얼마입니까?

　　 B: 13,000원입니다.

　 (3) A: 꽃 한 송이에 얼마입니까?

　　 B: 1,000원입니다.

　 (4) A: 신발 한 켤레에 얼마입니까?

　　 B: 78,000원입니다.

　 (5) A: 물 한 병에 얼마입니까?

　　 B: 800원입니다.

5. 손님: 이 사과는 얼마입니까?

　 주인: 이 사과는 한 개에 1,000원입니다.

　 손님: 저 배는 얼마입니까?

　 주인: 저 배는 두 개에 3,000원입니다.

　 손님: 사과 세 개하고 배 두 개 주십시오.

　 주인: 사과 세 개에 3,000원 배 두 개에 3,000원, 모두 6,000원입니다.

6. 주인: 어서 오세요.

　 손님: 노트 있습니까?

　 주인: 네, 여기 있습니다.

　 손님: 이 노트는 얼마입니까?

　 주인: 이 노트는 한 권에 800원입니다.

　 손님: 저 볼펜은 얼마입니까?

　 주인: 저 볼펜은 한 자루에 900원입니다.

　 손님: 이 노트 두 권하고 저 볼펜 한 자루 주십시오.

　 주인: 모두 2,500원입니다.

1.

(1) 7시 35분	(2) 9시 20분
(3) 11시 45분	(4) 1시 50분

2.

(1) 8시 30분	(2) 4시 15분
(3) 2시 20분	(4) 11시 45분
(5) 오전 7시 30분	(6) 오후 2시 40분
(7) 밤 12시 50분	(8) 오전 6시 45분

3. 저는 아침 7시에 일어납니다. 7시 30분에 아침을 먹습니다. 8시 30분에 학교에 갑니다. 오후 5시에 집에 옵니다. 9시에 숙제를 합니다. 11시에 잡니다.

4. 장나나 씨는 학교 기숙사에 살아요. 아침 7시에 일어나요. 그리고 운동장에서 운동을 해요. 샤워를 하고 아침 식사를 해요. 학교 수업은 오전 9시에 시작해요. 오후 1시에 수업이 끝나요. 오후에는 친구와 같이 식사를 해요. 도서관에서 책을 읽어요. 저녁에는 친구들과 이야기를 해요.

1.

(1) ① 일요일	② 월요일	③ 화요일	④ 수요일
⑤ 목요일	⑥ 금요일	⑦ 토요일	
(2) ① 일월	② 이월	③ 삼월	④ 사월
⑤ 오월	⑥ 유월	⑦ 칠월	⑧ 팔월
⑨ 구월	⑩ 시월	⑪ 십일월	⑫ 십이월

2. (1) 생일이 몇 월 며칠이에요?　　　　(2) 오늘이 며칠이에요?

(3) 다음 주 수요일에 뭐해요?

3. (1) A: 내년이 2017년이에요?

B: 아니요, 내년은 2018년이에요.

(2) A: 생일이 언제예요?

B: 제 생일은 11월 30일이에요.

(3) A: 오늘이 6월 16일이에요?

B: 아니요, 오늘은 6월 17일이에요.

(4) A: 생일이 이번 주 화요일이에요?

B: 아니요, 다음 주 일요일이에요.

(5) A: 올해 9월에 대학교에 가요?

B: 아니요, 내년 3월에 가요.

4. 서영: 동동 씨, 생일이 몇 월 며칠이에요?

동동: 제 생일은 10월 26일이에요.

서영: 올해 10월 26일은 무슨 요일이에요?

동동: 올해 10월 26일은 월요일이에요. 서영 씨는 생일이 언제예요?

서영: 제 생일은 12월 17일이에요.

동동: 12월 17일은 무슨 요일이에요?

서영: 12월 17일은 목요일이에요.

5. 수빈: 카잉 씨, 어제 도서관에 갔어요?

카잉: 아니요, 저는 어제 도서관에 안 갔어요. 수빈 씨는 도서관에 갔어요?

수빈: 네, 저는 어제 도서관에 갔어요. 도서관에서 친구들과 같이 공부했어요.

카잉: 시험이 있어요?

수빈: 네, 다음 주 수요일에 시험이 있어요.

카잉: 도서관에 학생들이 많았어요?

수빈: 아니요, 학생들이 적었어요.

카잉: 저는 시험 공부를 안 했어요.

수빈: 오늘 도서관에 가세요. 그리고 도서관에서 열심히 공부하세요.

1.

주인: 어서 오세요. 뭘 드시겠어요?

동동: 여기는 무슨 음식이 맛있어요?

주인: 모두 맛이 있지만, 특히 삼계탕이 맛이 있어요.

동동: 아, 그래요. 저도 삼계탕을 먹고 싶었어요. 마이클 씨도 삼계탕을 드시겠어요?

마이클: 삼계탕은 매워요?

동동: 아니요, 맵지 않아요. 닭고기예요.

마이클: 저는 고기를 좋아하지 않아요. 냉면을 먹겠어요.

동동: 여기요. 삼계탕 1인분하고 냉면 1그릇 주세요. 물도 좀 주세요.

주인 : 네, 알겠습니다.

2.

동동: 장나나 씨, 오늘 저녁은 제가 사겠습니다. 뭘 드시고 싶어요?

장나나: 동동 씨, 고맙습니다. 저는 중국음식을 좋아해요. 그리고 한식도 좋아해요.

동동: 그럼, 갈비탕을 먹어요.

장나나: 갈비탕도 좋아하지만, 오늘은 순두부찌개를 먹고 싶어요.

동동: 순두부찌개는 매워요?

장나나: 조금 맵지만 맛있어요.

동동 : 그럼, 한식집에 가요.

3.

　어제 솔롱고 씨와 저녁을 먹었습니다. 그 식당은 음식이 맛있습니다. 값도 쌉니다. 그래서 사람이 많습니다. 우리는 삼겹살 3인분을 먹었습니다. 삼겹살은 한국에서 처음 먹었습니다. 정말 맛있었습니다. 커피숍에서 차도 마셨습니다. 솔롱고 씨는 레몬차를 마셨습니다. 레몬차는 십니다. 그래서 저는 좋아하지 않습니다. 저는 커피를 마셨습니다. 커피가 많이 썼습니다. 이번 주말에는 몽골 음식을 먹겠습니다.

1.
동동: 서영 씨, 가족이 모두 몇 명이에요?

서영: 우리 가족은 할머니, 아버지, 어머니, 오빠 그리고 저, 이렇게 모두 5명이에요.
동동 씨 가족은 모두 몇 명이에요?

동동: 우리 가족은 부모님, 누나, 남동생, 여동생 그리고 저 이렇게 모두 6명이에요.
서영 씨, 서영 씨 아버지께서는 무슨 일을 하세요?

서영: 아버지께서는 회사에 다니세요.
동동 씨 아버지께서는 무슨 일을 하세요?

동동: 아버지께서는 병원에서 일하세요.

서영: 동동 씨 어머니께서도 일하세요?

동동: 아니요, 어머니께서는 집에 계세요.

2. 　오늘은 제 친구들 가족을 소개하겠습니다. 먼저, 마이클 씨 가족이에요. 마이클 씨 부모님께서는 모두 선생님이세요. 마이클 씨 부모님께서는 친절하시고 노래를 잘하세요. 여동생은 중학생이에요. 여동생은 착하고 공부도 잘해요. 그리고 여동생은 마이클 씨보다 키가 더 커요. 카잉 씨 가족은 모두 5명이에요. 카잉 씨 할아버지와 할머니께서는 노래를 좋아하시고 운동도 좋아하세요. 두 분은 아침에 항상 산책을 하세요. 카잉 씨 아버지께서는 회사원이시고 어머니께서는 은행원이세요. 카잉 씨 부모님께서는 요즘 아주 바쁘세요.

1. (1) 02-756-1351 　　(2) 041-530-7785 　　(3) 010-7766-5421

2. 흐엉 씨는 영화관에 전화합니다.

남자: 여보세요.

흐엉: 여보세요. 거기 영화관이지요?

남자: 아닙니다. 여기는 우리식당입니다.

흐엉: 거기 350-6542번 아닙니까?

남자: 전화 잘못 거셨어요. 여기는 350-6642번입니다.

흐엉: 네?

남자: 여기는 350-6642번입니다.

흐엉: 죄송합니다. 전화를 잘못 걸었어요.

3. 마이클 씨는 한국 친구 지선 씨와 쇼핑을 가고 싶었습니다. 그래서 지선 씨 집에 전화를 했습니다.

마이클: 여보세요. 거기 지선 씨 집이지요?

지선동생: 네, 맞습니다.

마이클: 저는 지선 씨 친구 마이클이에요.

지선동생: 반가워요. 마이클 씨, 저는 동생 혜선이에요.

마이클: 아, 그래요, 반갑습니다. 지선 씨는 집에 있어요?

지선동생: 네, 잠깐만 기다리세요.

마이클: 네.

지선동생: 언니, 전화 왔어요.

(잠깐 뒤)

지선: 네, 이지선입니다.

마이클: 안녕하세요? 지선 씨, 저 마이클이에요.

지선: 네, 안녕하세요?

마이클: 지선 씨 내일 시간이 있어요?

지선: 네, 왜요?

마이클: 저는 내일 쇼핑을 하고 싶어요. 그런데 길을 잘 모르겠어요. 쇼핑 같이 가시겠어요?

지선: 무엇을 사고 싶으세요?

마이클: 옷을 사고 싶어요. 또 친구 선물도 사고 싶어요.

지선: 아, 그래요. 그러면 동대문 시장이 좋아요. 저는 내일 시간이 있어요.

마이클: 그럼, 어디에서 만날까요?

지선: 동대문 지하철역에서 만나요. 오후 2시는 어때요?

마이클: 좋아요. 그럼 내일 2시에 동대문 지하철역에서 봐요.

지선: 네, 내일 만나요.

열려라! 한국어 1 워크북 **모범 답안**

1과

▌어휘(20쪽)▌

1. (1) 한국   (2) 중국
    (3) 미국   (4) 일본
    (5) 몽골   (6) 베트남
    (7) 러시아   (8) 인도
    (9) 영국   (10) 우즈베키스탄

2. (1) 마이클 씨 / 미국
    (2) 니콜라이 씨 / 러시아
    (3) 흐엉 씨 / 베트남
    (4) 김정아 씨 / 한국
    (5) 왕동동 씨 / 중국

3. (1) E   (2) H   (3) D
    (4) C   (5) B   (6) F
    (7) A   (8) G

▌문법(23쪽)▌

1. (1) 봅니다.   (2) 만납니다.
    (3) 인사합니다.   (4) 공부합니다.
    (5) 반갑습니다.

2. (1) 간호사입니다.
    (2) 베트남 사람입니다.
    (3) 대학생입니다.
    (4) 한국어교육원 학생입니다.
    (5) 선생님입니다.
    (6) 중국 사람입니다.

3.

기본형	V/A-ㅂ니까	V/A-ㅂ니다
가다	갑니까?	갑니다
오다	옵니까?	옵니다
자다	잡니까? (*주무십니까?)	잡니다 (*주무십니다)
보다	봅니까?	봅니다
공부하다	공부합니까?	공부합니다
만나다	만납니까?	만납니다
연습하다	연습합니까?	연습합니다
배우다	배웁니까?	배웁니다
인사하다	인사합니까?	인사합니다

기본형	V/A-습니까	V/A-습니다
먹다	먹습니까?	먹습니다
읽다	읽습니까?	읽습니다
입다	입습니까?	입습니다
씻다	씻습니까?	씻습니다
앉다	앉습니까?	앉습니다
반갑다	반갑습니까?	반갑습니다
그렇다	그렇습니까?	그렇습니다
듣다	듣습니까?	듣습니다
찾다	찾습니까?	찾습니다

4. (1) 먹습니다. / 마십니다. / 읽습니다. / 만납니다.
    (2) ① 공부합니까? / 공부합니다.
       ② 간호사입니다.
       ③ 학생입니까? / 학생입니다.
       ④ 앉습니까? / 앉습니다.
       ⑤ 옵니까? / 옵니다.

5. (1) 는 / 은　　　　(2) 는　　　　(3) 도

듣기(28쪽)

1. (1) 이름　　　　　(2) 나라
　　(3) 사람　　　　　(4) 어느
　　(5) 회사원　　　　(6) 학생

2. (1) 안녕하세요?　(2) 무엇
　　(3) 회사원　　　　(4) 직업은
　　(5) 반갑습니다　　(6) 제 이름

3. (1) ①　　　　　　(2) ①

4. (1) ②　　　　　　(2) ①
　　(3) ④　　　　　　(4) ②

읽기(30쪽)

1. (1) 흐엉　　　　　(2) 베트남
　　(3) 간호사

2. (1) ○　　　　　　(2) ×
　　(3) ○　　　　　　(4) ×
　　(5) ○　　　　　　(6) ○

쓰기(31쪽)

1. 생략　　**2.** 생략　　**3.** 생략

2과

어휘(1)(36쪽)

1. (1) 옷장　　　　　(2) 컴퓨터
　　(3) 시계　　　　　(4) 창문
　　(5) 의자　　　　　(6) 침대

　　(7) 거울　　　　　(8) 인형
　　(9) 텔레비전　　　(10) 베개
　　(11) 책장　　　　　(12) 책상

2. (1) 사이　　　　　(2) 위
　　(3) 옆　　　　　　(4) 침대 위
　　(5) 옷장 옆에 있습니다
　　(6) 의자가 책상 앞에 있습니다

3. (1) 열쇠　　　　　(2) 볼펜
　　(3) 지갑　　　　　(4) 필통
　　(5) 수첩　　　　　(6) 사전
　　(7) 가방　　　　　(8) 신문
　　(9) 거울

어휘(2)(39쪽)

1. (1) 은행　　　　　(2) 우체국
　　(3) 식당　　　　　(4) 병원
　　(5) 교실　　　　　(6) 서점

2. (1) 안에　　　　　(2) 앞에
　　(3) 하고 / 사이에　(4) 뒤에
　　(5) 옆에

문법(41쪽)

1. (1) 사전　　　　　(2) 한국어 책
　　(3) 학생회관　　　(4) 책
　　(5) 휴대폰

2. (1) 가방　　　　　(2) 컴퓨터
　　(3) 열쇠　　　　　(4) 휴대폰이, 지갑
　　(5) 지갑이, 휴대폰

3. (1) 옷장이 있습니다.
　　(2) 텔레비전이 있습니다.
　　(3) 가방이 없습니다.
　　(4) 거울이 있습니다.

208

(5) 책상, 의자

(6) 옷장, 책상

4. (1) 컴퓨터 / 가족사진

(2) 의자, 가방 / 우산

(3) 우유, 물 / 과일

(4) 칠판, 분필 /지도

5. (1) 필통 안에   (2) 어디에 있습니까?

(3) 책상 옆에   (4) 책 옆에

(5) 어디에 있습니까?

▍듣기(46쪽)▍

1. (1) 깨끗하다   (2) 전자사전

(3) 열쇠   (4) 지갑

(5) 우산   (6) 책장

(7) 달력   (8) 은행

(9) 운동장

2. (1) 책상입니다.   (2) 아닙니다.

(3) 위에   (4) 의자 옆에

(5) 은행하고 우체국이

(6) 학생회관 뒤에   (7) 옆에는

(8) 앞에는   (9) 왼쪽에

3. (1) ○   (2) ○

(3) ×   (4) ×   (5) ○

4. (1) ③   (2) ③

(3) ②   (4) ①   (5) ①

▍읽기(48쪽)▍

1. (1) 마이클 씨는 미국 사람입니다.

(2) 마이클 씨는 학교 기숙사에 있습니다.

(3) 창문은 책상하고 침대 사이에 있습니다.

(4) 마이클 씨 방 오른쪽에 샤워실하고 화장실이 있습니다.

(5) ①

2. (1) 우리 집은 아산시에 있습니다.

(2) ③

(3) 약국은 문구점 앞에 있습니다.

3. (1) 가방 안에는 책하고 사전이 있습니다. 휴지하고 필통도 있습니다.

(2) 주머니는 가방 왼쪽에 있습니다.

(3) 지갑 안에는 친구 사진하고 가족 사진이 있습니다.

(4) 아니요, 휴대폰은 없습니다.

(5) 필통 안에 볼펜하고 연필이 있습니다.

▍쓰기(50쪽)▍

1. 생략   **2.** 생략

3과

▍어휘(1)(54쪽)▍

1.

1	일	하나	한 개
2	이	둘	두 개
3	삼	셋	세 개
4	사	넷	네 개
5	오	다섯	다섯 개
6	육	여섯	여섯 개
7	칠	일곱	일곱 개
8	팔	여덟	여덟 개
9	구	아홉	아홉 개
10	십	열	열 개
20	이십	스물	스무 개
30	삼십	서른	서른 개

40	사십	마흔	마흔 개
50	오십	쉰	쉰 개
60	육십	예순	예순 개
70	칠십	일흔	일흔 개
80	팔십	여든	여든 개
90	구십	아흔	아흔 개
100	백	백	백 개
1,000	천	천	천 개
10,000	만	만	만 개
100,000	십만	십만	십만 개
1,000,000	천만	천만	천만 개

2-1. (1) 일   (2) 팔
     (3) 구   (4) 십삼
     (5) 오십육   (6) 백일
     (7) 7   (8) 6
     (9) 24   (10) 91

2-2. (1) 둘   (2) 넷
     (3) 일곱   (4) 열 여섯
     (5) 스물 하나   (6) 서른 넷
     (7) 20   (8) 32
     (9) 59   (10) 76

3. (1) 일이삼의 삼오공일
     (2) 이육오팔의 육칠구육
     (3) 칠공일의 구육오삼

4. (1) 일층 백이호
     (2) 삼층 삼백육호
     (3) 오층 오백구호

5. (1) 권   (2) 마리
     (3) 병 /잔   (4) 잔
     (5) 송이   (6) 그릇
     (7) 통 / 조각   (8) 장
     (9) 대   (10) 켤레
     (11) 벌

6. (1) 마리, 강아지가 2마리 있습니다.
     (2) 권, 책이 3권 있습니다.
     (3) 자루, 볼펜이 14자루 있습니다.
     (4) 켤레, 신발이 18켤레 있습니다.
     (5) 송이, 꽃이 22송이 있습니다.

▌문법(1)(61쪽)▌

1.

읽다	읽으십시오	쓰다	쓰십시오
웃다	웃으십시오	지우다	지우십시오
찾다	찾으십시오	보다	보십시오
앉다	앉으십시오	일어나다	일어나십시오
덮다	덮으십시오	펴다	펴십시오
씻다	씻으십시오	운동하다	운동하십시오
입다	입으십시오	공부하다	공부하십시오
신다	신으십시오	숙제하다	숙제하십시오
찍다	찍으십시오	연습하다	연습하십시오
*먹다	드십시오	*말하다	말씀하십시오
*있다	계십시오	*자다	주무십시오

2. (1) A: 사과 <u>두 개에</u> 얼마입니까?
       B: <u>두 개에</u> 2,500원입니다.
       A: <u>두 개 주십시오.</u>
     (2) A: 배 <u>네 개에</u> 얼마입니까?
       B: <u>네 개에</u> 4,000원입니다.
       A: <u>네 개 주십시오.</u>
     (3) A: 복숭아 <u>다섯 개에</u> 얼마입니까?
       B: <u>다섯 개에</u> 6,500원입니다.
       A: <u>다섯 개 주십시오.</u>
     (4) A: 귤 <u>여덟 개에</u> 얼마입니까?
       B: <u>여덟 개에</u> 8,800원입니다.
       A: <u>여덟 개 주십시오.</u>

3. (1) 네, 도서관에 갑니다.
     (2) 아니요, 식당에 갑니다.

(3) 아니요, 화장실에 갑니다.

(4) 아니요, 은행에 갑니다.

(5) 아니요, _____.

(6) 아니요, _____.

4. (1) 서점에 갑니다.

(2) 영화관에 갑니다.

(3) 서울에 갑니다.

(4) 제주도에 갑니다.

(5) 기숙사에 갑니다.

(6) 교실에 갑니다.

▌어휘(2)(65쪽)▌

1. (1) 귤, 배, 수박, 딸기

(2) 치마, 바지, 양말

(3) 지우개, 공책, 연필

(4) 과자, 수건, 라면, 빵, 비누

2. (1) 시장　　　　(2) 옷 가게

(3) 신발 가게　　(4) 백화점

(5) 편의점　　　(6) 주차장

3. (1) 주다　　　　(2) 받다

(3) 쇼핑하다　　(4) 팔다 / 사다

(5) 비싸다　　　(6) 싸다

▌문법(2)(68쪽)▌

1. (1) ㉡　　　　　(2) ㉠

(3) ㉣　　　　　(4) ㉢

(5) ㉕　　　　　(6) ㉑

(7) ㉗　　　　　(8) ㉖

2. (1) 을　　　　　(2) 을

(3) 을　　　　　(4) 을

(5) 을　　　　　(6) 를

(7) 를　　　　　(8) 를

3. (1) 주스를 마십니다.

(2) 옷을 삽니다.

(3) 청소를 합니다.

(4) 책을 읽습니다.

4. (1) ㉡　　(2) ㉣　　(3) ㉠　　(4) ㉢

5. (1) 도서관에서 공부를 합니다.

(2) 운동장에서 운동을 합니다.

(3) 백화점에서 옷을 삽니다.

(4) 학교에서 친구를 만납니다.

(5) 영화관에서 영화를 봅니다.

(6) 공원에서 사진을 찍습니다.

6. (1) 이 사전은 9,000원입니다.

(2) 저 사전은 12,000원입니다.

(3) 이 사전은 23,000원입니다.

7. (1) B: 물이 두 병 있습니다.

　　B: 한 병에 1,200원입니다.

　　B: 모두 2,400원입니다.

(2) B: 공책이 세 권 있습니다.

　　B: 한 권에 1,000원입니다.

　　B: 모두 3,000원입니다.

(3) B: 꽃이 열 송이 있습니다.

　　B: 한 송이에 1,500원입니다.

　　B: 모두 15,000원입니다.

(4) B: 신발이 두 켤레 있습니다.

　　A: 한 켤레에 얼마입니까?

　　B: 한 켤레에 34,000원입니다.

　　A: 모두 얼마입니까?

　　B: 모두 68,000원입니다.

▌듣기(74쪽)▌

1. (1) ③　　　　　(2) ②

2. (1) ③　　　　　(2) ①

(3) ③　　　　　(4) ②

3. (1) 350원　　　　　(2) 4,300원
　　 (3) 19,500원　　　(4) 21,000원
　　 (5) 789,800원

4. (1) A: 개에　　　　B: 2,000원
　　 (2) A: 상자에　　　B: 13,000원
　　 (3) A: 송이에　　　B: 1,000원
　　 (4) A: 켤레에　　　B: 78,000원
　　 (5) A: 한 병에　　　B: 800원

5. (1) ③　　　　　　(2) ②, ③
　　 (3) ③　　　　　　(4) 6,000원

6. (1) 문구점　　　　(2) ③
　　 (3) ②, ④

▌읽기(77쪽) ▌

1. (1) ②
　　 (2) ㉠ 을, ㉡ 에, ㉢ 하고 ㉣ 에
　　 (3) ①

2. (1) ②　　　　　　(2) ④
　　 (3) ③　　　　　　(4) ②

▌쓰기(79쪽) ▌

1. 생략　　　　**2.** 생략

4과

▌어휘(1)(84쪽) ▌

1. (1) ㉡　　　　　　(2) ㉠
　　 (3) ㉢　　　　　　(4) ㉂
　　 (5) ㉣　　　　　　(6) ㉤

2. (1) 그리고　　　　(2) 그래서
　　 (3) 하지만　　　　(4) 그래서
　　 (5) 그리고　　　　(6) 하지만

3. (1) 먹다 / 밥을 먹어요.
　　 (2) 마시다 / 커피를 마셔요.
　　 (3) 받다 / 선물을 받아요.
　　 (4) 씻다 / 손을 씻어요.
　　 (5) 보다 / 텔레비전을 봐요.
　　 (6) 하다 / 샤워를 해요.
　　 (7) 하다 / 운동을 해요.
　　 (8) 하다 / 요리를 해요.
　　 (9) 읽다 / 책을 읽어요.
　　 (10) 마시다 / 물을 마셔요.

▌문법(1)(85쪽) ▌

1.

2.

기본형	-습니다	-아/어/여요
먹다	먹습니다	먹어요
입다	입습니다	입어요
읽다	읽습니다	읽어요
받다	받습니다	받아요
좋다	좋습니다	좋아요
웃다	웃습니다	웃어요
울다	*웁니다	울어요
앉다	앉습니다	앉아요
많다	많습니다	많아요
있다	있습니다	있어요
없다	없습니다	없어요
맛있다	맛있습니다	맛있어요
맛없다	맛없습니다	맛없어요

기본형	-ㅂ니다	-아/어/여요
가다	갑니다	가요
오다	옵니다	와요
주다	줍니다	줘요

자다	잡니다	자요
보다	봅니다	봐요
보내다	보냅니다	보내요
마시다	마십니다	마셔요
만나다	만납니다	만나요
기다리다	기다립니다	기다려요
공부하다	공부합니다	공부해요
청소하다	청소합니다	청소해요
노래하다	노래합니다	노래해요
좋아하다	좋아합니다	좋아해요

2.

기본형	-습니까?	-아/어/여요?
먹다	먹습니까?	먹어요?
입다	입습니까?	입어요?
읽다	읽습니까?	읽어요?
받다	받습니까?	받아요?
좋다	좋습니까?	좋아요?
웃다	웃습니까?	웃어요?
울다	*웁니까?	울어요?
앉다	앉습니까?	앉아요?
많다	많습니까?	많아요?
있다	있습니까?	있어요?
없다	없습니까?	없어요?
맛있다	맛있습니까?	맛있어요?
맛없다	맛없습니까?	맛없어요?

기본형	-ㅂ니까?	-아/어/여요?
가다	갑니까?	가요?
오다	옵니까?	와요?
주다	줍니까?	줘요?
자다	잡니까?	자요?
보다	봅니까?	봐요?
보내다	보냅니까?	보내요?
마시다	마십니까?	마셔요?

만나다	만납니까?	만나요?
기다리다	기다립니까?	기다려요?
공부하다	공부합니까?	공부해요?
청소하다	청소합니까?	청소해요?
노래하다	노래합니까?	노래해요?
좋아하다	좋아합니까?	좋아해요?

3. (1) 이것은 연필이에요.

(2) 저것은 왕동동씨 책이에요.

(3) 여기가 한국어교육원이에요.

(4) 지금은 한국어 수업 시간이에요.

(5) 이 사람은 누구예요?

(6) 저 분은 한국어 선생님이에요.

(7) 저 사람이 가수예요.

(8) 여기는 제 기숙사에요.

4. (1) 오전에는 도서관에 가요.

(2) 아침에 저는 일찍 일어나요.

(3) 저녁에는 집에서 한국 음식을 먹어요.

(4) 무슨 음식을 좋아해요?

(5) 사전이 없어요?

(6) 시내에서 친구를 만나요.

(7) 친구를 기다려요?

▌어휘(2)(89쪽)▐

1. (1) 커피숍에서 커피를 마셔요.

(2) 슈퍼마켓에서 우유와 과자를 사요.

(3) 은행에서 돈을 찾아요.

(4) 극장에서 영화를 봐요.

(5) 기숙사에서 잠을 자요.

(6) 우체국에서 편지를 보내요.

(7) 공원에서 자전거를 타요.

(8) 교실에서 공부를 해요.

2. (1) 6   (2) 2 / 30

(3) 7 / 15   (4) 2 / 55

(5) 8 / 19   (6) 11 / 26

(7) 12 / 30   (8) 3 / 13

3. (1) 여섯

(2) ①세 / 반 ②세 / 삼십

(3) ①열한 / 사십오 ②열두 / 십오

(4) 세 / 오

(5) 여덟 / 이십

(6) ①한 / 오십오 ②두 / 오

▎문법(2)(91쪽)▎

1. (1) 오전에 한국어를 공부해요.

(2) 오후에 친구를 만나요.

(3) 점심에 비빔밥을 먹어요.

(4) 아침에 공원에서 산책을 해요.

(5) 저녁에 집에서 텔레비전을 봐요.

(6) 오후에 도서관에서 책을 읽어요.

2. (1) 김밥과 불고기를 좋아해요.

(2) 사과와 배를 사요.

(3) 책상과 의자가 있어요.

(4) 한국어와 영어를 공부해요.

(5) 학생들과 선생님이 있어요.

(6) 수영과 축구를 해요.

(7) 주스와 물을 마셔요.

3. (1) 선생님과 함께 공부해요.

(2) 친구와 함께 영화를 봐요.

(3) 어머니와 함께 슈퍼마켓에 가요.

(4) 친구들과 함께 운동을 해요.

(5) 아버지와 함께 저녁을 먹어요.

(6) 친구와 함께 도서관에 가요.

(7) 동생과 함께 음악을 들어요.

4. (1) 에   (2) 에 / 과 / 를

(3) 에 / 에서 / 을 (4) 에 / 에서 / 와 / 를

(5) 에 / 에서 / 을

▎듣기(95쪽)▎

1. (1) 7시 35분   (2) 9시 20분

(3) 11시 46분   (4) 1시 49분

2. (1) 8 / 30   (2) 4 / 15

(3) 2 / 20   (4) 11 / 45

(5) 오전 / 7 / 30   (6) 오후 / 2 / 40

(7) 밤 / 12 / 50   (8) 오전 / 6 / 45

3. (1) ㉠   (2) ㉣

(3) ㉫   (4) ㉢

(5) ㉡   (6) ㉤

4. (1) 아침 7시에 일어납니다.

(2) 오전 9시에 시작합니다.

(3) ③

▎읽기(97쪽)▎

(1) ① 아침 6시 30분

② 오후 1시

③ 저녁 9시

④ 저녁 7시

⑤ 아침 9시

(2) ③   (3) ①

▎쓰기(98쪽)▎

1. 생략   **2.** 생략

5과

1. (1) 지난해　　(2) 다음 해
　　(3) 작년　　　(4) 내년

2.

3.

월						
			1 일일	2 이일	3 삼일	4 사일
5 오일	6 육일	7 칠일	8 팔일	9 구일	10 십일	11 십일일
12 십이일	13 십삼일	14 십사일	15 십오일	16 십육일	17 십칠일	18 십팔일
19 십구일	20 이십일	21 이십일일	22 이십이일	23 이십삼일	24 이십사일	25 이십오일
26 이십육일	27 이십칠일	28 이십팔일	29 이십구일	30 삼십일	31 삼십일일	

지난주 / 이번 주 / 다음 주

그저께　어제　내일　모레

(1) 이번 달은 ○월이에요.
(2) 오늘은 ○월 ○일이에요.
(3) 내일은 ○일이에요.

4.

일요일	월요일	화요일	수요일	목요일	금요일	토요일

5.

월요일	화요일	수요일
학교	도서관	피아노 학원

목요일	금요일	토요일	일요일
수영장	영화관	체육관	시장

(1) 오늘은 월요일이에요.
(2) 내일은 화요일이에요.
(3) 모레는 수요일이에요.
(4) ② 화요일에 도서관에 가요.
　　③ 수요일에 피아노 학원에 가요.
　　④ 목요일에 수영장에 가요.
　　⑤ 금요일에 영화관에 가요.
　　⑥ 토요일에 체육관에 가요.
　　⑦ 일요일에 시장에 가요.

6.

5월						
일요일	월요일	화요일	수요일	목요일	금요일	토요일

(1) 오늘은 5월 9일이에요.
(2) 어린이날은 5월 5일이에요.
(3) 어버이날은 5월 8일이에요.
(4) 스승의 날이에요.
(5) 금요일이에요.

문법(1)(106쪽)

1.

살다	살았어요	찾다	찾았어요	싸다	쌌어요
작다	작았어요	좋다	좋았어요	비싸다	비쌌어요
앉다	앉았어요	가다	갔어요	만나다	만났어요
많다	많았어요	자다	잤어요	보다	보았어요, 봤어요
받다	받았어요	사다	샀어요	오다	왔어요

2.

먹다	먹었어요	입다	입었어요
적다	적었어요	씻다	씻었어요
없다	없었어요	있다	있었어요
죽다	죽었어요	읽다	읽었어요
울다	울었어요	주다	주었어요
웃다	웃었어요	배우다	배웠어요

기다리다	기다렸어요
보내다	보냈어요
쉬다	쉬었어요
마시다	마셨어요
선생님이다	선생님이었어요
의사이다	의사이었어요, 의사였어요

3.

하다	하였어요 했어요	초대하다	초대하였어요 초대했어요
공부하다	공부하였어요 공부했어요	축하하다	축하하였어요 축하했어요
숙제하다	숙제하였어요 숙제했어요	쇼핑하다	쇼핑하였어요 쇼핑했어요
수업하다	수업하였어요 수업했어요	요리하다	요리하였어요 요리했어요

운동하다	운동하였어요 운동했어요	세수하다	세수하였어요 세수했어요
이야기하다	이야기하였어요 이야기했어요	목욕하다	목욕하였어요 목욕했어요
질문하다	질문하였어요 질문했어요	친절하다	친절하였어요 친절했어요

대답하다	대답하였어요 대답했어요
생각하다	생각하였어요 생각했어요
게임하다	게임하였어요 게임했어요
깨끗하다	깨끗하였어요 깨끗했어요
피곤하다	피곤하였어요 피곤했어요
연습하다	연습하였어요 연습했어요
일하다	일하였어요 일했어요

4. (1) 먹었어요   (2) 받았어요
(3) 좋았어요   (4) 읽었어요
(5) 보았어요(봤어요)   (6) 했어요

5. (1) 친구 생일 파티에 갔어요.
(2) 네, 어제가 생일이었어요.
(3) 그곳에서 _____을/를 봤어요.
(4) 네, 손님이 많았어요.
   / 아니요, 손님이 적었어요.
(5) _____을/를 마셨어요.
(6) 네, 선생님도 초대했어요.
   / 아니요, 선생님은 초대 안 했어요.

6. (1) 저는 어제 학교에 안 갔어요.
(2) 저는 식당에서 밥을 안 먹었어요.
(3) 저는 오후에 집에서 숙제 안 했어요.
(4) 저는 오늘 아침에 운동 안 했어요.

216

7. (1) 오늘은 학교에 안 가요.
   (2) 오늘은 라면을 안 먹어요.
   (3) 어제는 숙제를 안 했어요.
   (4) 지난주에는 영화를 안 봤어요.
   (5) 친구를 안 만났어요.
   (6) 오후에는 수업이 없어요.

▌어휘(2)(110쪽)▌

1. (2) ㉢ 보내다   (3) ㉡ 사다
   (4) ㉣ 주다   (5) ㉥ 쓰다
   (6) ㉤ 부르다

2. (1) 생일   (2) 파티
   (3) 초대장   (4) 선물

3. 축하합니다, 축하합니다, 생일 축하합니다

▌문법(2)(112쪽)▌

1.

읽다	읽으세요	쓰다	쓰세요
웃다	웃으세요	지우다	지우세요
찾다	찾으세요	말하다	말하세요
앉다	앉으세요	일어나다	일어나세요
덮다	덮으세요	펴다	펴세요
씻다	씻으세요	운동하다	운동하세요
입다	입으세요	공부하다	공부하세요
신다	신으세요	숙제하다	숙제하세요
찍다	찍으세요	연습하다	연습하세요
*먹다 /드시다	드세요	일하다	일하세요
*자다/주무시다		주무세요	
*있다/계시다		계세요	

2. (1) 학교에 가세요.

(2) 칠판을 보세요.
(3) 책을 읽으세요.
(4) 숙제를 하세요.
(5) 우유를 마시세요.
(6) 여행을 가세요.

3. (1) 사진을 찍으세요.
   (2) 영화를 보세요.
   (3) 커피를 드세요.
   (4) 돈을 찾으세요.
   (5) 도서관에서 공부하세요.
   (6) 이 책을 읽으세요.

4. (1) 에게   (2) 에게
   (3) 에게

5. (1) 동생은 저에게 책을 주었어요.
   (2) 저는 언니에게 화장품을 선물했어요.
   (3) 남자 친구는 저에게 꽃을 보냈어요.
   (4) 저는 친구에게 전화를 했어요.

6. (1) 친구들을   (2) 자동차들이
   (3) 나비들이

7. (1) 생일 파티에 친구들이 왔어요.
   (2) 공항에 사람들이 많아요.
   (3) 공원에 아이들이 안 놀아요.
   (4) 백화점에 물건들이 많아요.
   (5) 도서관에서 학생들이 공부해요.
   (6) 산에 새들이 안 많아요.(적어요)
   (7) 남자들이 운동장에서 농구를 해요.

▌듣기(117쪽)▌

1. (1) ① 일요일 ② 월요일
         ③ 화요일 ④ 수요일
         ⑤ 목요일 ⑥ 금요일
         ⑦ 토요일

(2)　① 일월　　② 이월
　　　③ 삼월　　④ 사월
　　　⑤ 오월　　⑥ 유월
　　　⑦ 칠월　　⑧ 팔월
　　　⑨ 구월　　⑩ 시월
　　　⑪ 십일월　⑫ 십이월

2. (1) 생일이 몇 월 며칠이에요?
　　(2) 오늘이 며칠이에요?
　　(3) 다음 주 수요일에 뭐 해요?

3. (1) 내년은 2018년이에요.
　　(2) 제 생일은 11월 30일이에요.
　　(3) 오늘은 6월 17일이에요.
　　(4) 다음 주 일요일이에요.
　　(5) 내년 3월에 가요.

4. (1) ③　　　　　(2) ②
　　(3) ④　　　　　(4) ③

5. (1) ②　　　　　(2) ③
　　(3) ③　　　　　(4) ④

▌읽기(120쪽)▌

1. (1) 21살　　　　(2) ④
　　(3) 미역국　　　(4) ②

2. (1) ① 장난감 자동차
　　　② 모자와 신발
　　　③ 곰인형
　　(2) ①
　　(3) ㉠ 생일이었어요
　　　㉡ 왔어요
　　(4) ④

▌쓰기(122쪽)▌

1. 생략　　　　**2.** 생략

6과

▌어휘(1)(126쪽)▌

1. (1) 한식　　　　(2) 중국 음식집
　　(3) 일식집　　　(4) 양식집
　　(5) 쌀국수

2. (1) 한식　　　　(2) 한식
　　(3) 양식　　　　(4) 한식
　　(5) 중국 음식　 (6) 일식
　　(7) 양식　　　　(8) 중국 음식
　　(9) 양식　　　　(10) 중국 음식

▌문법(1)(128쪽)▌

1.

기본형	-습니다	-아/어요	-았/었어요
맵다	맵습니다	매워요	매웠어요
뜨겁다	뜨겁습니다	뜨거워요	뜨거웠어요
차갑다	차갑습니다	차가워요	차가웠어요
반갑다	반갑습니다	반가워요	반가웠어요
고맙다	고맙습니다	고마워요	고마웠어요
무겁다	무겁습니다	무거워요	무거웠어요
가볍다	가볍습니다	가벼워요	가벼웠어요
춥다	춥습니다	추워요	추웠어요
덥다	덥습니다	더워요	더웠어요
어렵다	어렵습니다	어려워요	어려웠어요
쉽다	쉽습니다	쉬워요	쉬웠어요
아름답다	아름답습니다	아름다워요	아름다웠어요
*돕다	돕습니다	도와요	도왔어요
**입다	입습니다	입어요	입었어요
**잡다	잡습니다	잡아요	잡았어요
**좁다	좁습니다	좁아요	좁았어요

2. (1) 입었습니다.   (2) 반가웠습니다.
    (3) 아름다웠습니다. (4) 좁았습니다.
    (5) 매웠습니다.   (6) 차가웠습니다.

3. (1) 불고기를 먹겠습니다.
    (2) 영화를 보겠습니다.
    (3) 커피를 마시겠습니다.
    (4) 도서관에서 공부하겠습니다.
    (5) 동대문 시장에서 쇼핑하겠습니다.
    (6) 경복궁을 구경하겠습니다.

▌어휘(2)(131쪽)▌

1. (1) 매워요.   (2) 써요.
    (3) 달아요.   (4) 시어요.
    (5) 짜요.

▌문법(2)(132쪽)▌

1. (2) 기숙사에서 쉬고 싶습니다.
    (3) 아이스크림을 먹고 싶습니다.
    (4) 병원에 가고 싶습니다.
    (5) 명동에 가고 싶습니다.

2. (1) 수빈 씨는 겨울에 결혼하고 싶어 해요.
    (2) 솔롱고 씨는 몽골 음식을 먹고 싶어 합니다.
    (3) 흐엉 씨는 부모님을 만나고 싶어 해요.
    (4) 왕동동 씨는 기숙사에서 쉬고 싶어 해요.
    (5) 아사코 씨는 차를 마시고 싶어 해요.
    (6) 수잔 씨는 책을 읽고 싶어 해요.
    (7) 케이트 씨는 운동을 하고 싶어 해요.

3. (1) 한국어가 재미있지만 어려워요.
    (2) 영화가 길지만 재미있어요.
    (3) 음식이 비싸지만 맛있어요.
    (4) 기숙사가 조금 좁지만 깨끗해요.
    (5) 어제 잠을 안 잤지만 오늘은 피곤하지
        않아요.

    (6) 영화를 보고 싶지만 시간이 없어요.
    (7) 피곤하지만 친구와 영화를 보고 싶어요.

4. (2) 시험 문제는 어렵지 않아요.
    (3) 수업을 시작하지 않았어요.
    (4) 김치를 좋아하지 않아요.
    (5) 저는 매일 청소하지 않습니다.
    (6) 9시에 도착하지 않았어요.
    (7) 숙제를 다 하지 않았어요.
    (8) 한국어가 어렵지 않습니다.

5. (1) 식당에 가겠습니다.
    (2) 불고기를 먹겠습니다.
    (3) 쇼핑하겠습니다.
    (4) 이야기를 하겠습니다.
    (5) 마시겠습니다.

▌듣기(137쪽)▌

1. (1) ①   (2) ③
    (3) ①× ②× ③○ ④○

2. (1) ①   (2) 순두부찌개
    (3) ①○ ②× ③× ④×

3. (1) ①   (2) ②, ③
    (3) ③
    (4) ①× ②× ③× ④○ ⑤×

▌읽기(140쪽)▌

1. (1) ①, ④   (2) ④
    (3) ①   (4) 1인분

2. (1) ③
    (2) ②, ④
    (3) ①
    (4) ①○ ②○ ③○ ④× ⑤×

1. 생략　　　　　　　　**2.** 생략

7과

■ 어휘(1)(146쪽) ■

1. (1) ② 할아버지　　③ 아버지
　　　　④ 오빠　　　　⑤ 남동생
　　(2) ① 외할머니　　② 할머니
　　　　③ 어머니　　　④ 언니　⑥ 여동생

2. (1) ① 할아버지　　② 아버지
　　　　③ 형　　　　　④ 나
　　(2) ① 할머니　　　② 어머니
　　　　③ 누나　　　　④ 여동생

3. (1) ②　　　　　　(2) ①
　　(3) ④　　　　　　(4) ③
　　(5) ⑤　　　　　　(6) ⑥

4. (1) 성함　　　　　(2) 연세
　　(3) 댁　　　　　　(4) 진지

5. (1) 께서　　　　　(2) 께서도
　　(3) 께서는　　　　(4) 께서는
　　(5) 께서　　　　　(6) 께서는

■ 문법(1)(150쪽) ■

1.

앉다	앉으십니다	앉으셨습니다
읽다	읽으십니다	읽으셨습니다
웃다	웃으십니다	웃으셨습니다
찾다	찾으십니다	찾으셨습니다

돕다	도우십니다	도우셨습니다
일어나다	일어나십니다	일어나셨습니다
말하다	말하십니다	말하셨습니다
쓰다	쓰십니다	쓰셨습니다
아름답다	아름다우십니다	아름다우셨습니다
작다	작으십니다	작으셨습니다
운동하다	운동하십니다	운동하셨습니다
일하다	일하십니다	일하셨습니다
선생님이다	선생님이십니다	선생님이셨습니다
의사(이)다	의사(이)십니다	의사(이)셨습니다

앉으세요	앉으셨어요
읽으세요	읽으셨어요
웃으세요	웃으셨어요
찾으세요	찾으셨어요
도우세요	도우셨어요
일어나세요	일어나셨어요
말하세요	말하셨어요
쓰세요	쓰셨어요
아름다우세요	아름다우셨어요
작으세요	작으셨어요
운동하세요	운동하셨어요
일하세요	일하셨어요
선생님이세요	선생님이셨어요
의사(이)세요	의사(이)셨어요

2.

먹다		드십니다	드셨습니다
자다		주무십니다	주무셨습니다
있다	계시다	계십니다	계셨습니다
	있으시다	있으십니다	있으셨습니다

드세요	드셨어요
주무세요	주무셨어요
계세요	계셨어요
있으세요	있으셨어요

3. (1) 읽으십니다 (2) 주무십니다
(3) 가십니다 (4) 계십니까
(5) 선생님이십니다 (6) 있으십니다

4. (1) 읽으셨습니까?
(2) 일어나셨습니까?
(3) 운동하셨습니까?
(4) 오셨습니까?
(5) 주무셨습니까?
(6) 있으셨습니까?

5. (1) 읽으세요 (2) 드세요
(3) 찾으세요 (4) 보세요
(5) 아름다우세요 (6) 공무원이세요

6. (1) 할아버지께서 무엇을 하셨어요?
(2) 선생님께서 책을 읽으셨어요.
(3) 할머니께서도 방에서 주무셨어요.
(4) 어머니께서 부엌에서 요리를 하셨어요.
(5) 부모님께서는 외출하셨어요.
(6) 이모께서는 커피를 드셨어요.

7. (1) 이 음식은 맛있고 싸요.
(2) 제 방은 넓고 깨끗해요.
(3) 한국어는 쉽고 재미있어요.
(4) 저는 공원에서 산책하고 책을 읽어요.
(5) 저는 밥을 먹고 동생은 라면을 먹어요.
(6) 이 음식은 맵고 저 음식은 달아요.
(7) 아버지께서는 의사시고 어머니께서는 선생
님이세요.

8. (1) 동동 씨는 한국어책도 읽고 영어책도 읽었
어요.
(2) 상민 씨는 전화를 받고 밖에 나갔어요.
(3) 어머니께서는 청소도 하고 요리도 하셨어요.
(4) 저는 밥을 먹고 동생은 라면을 먹었어요.
(5) 할아버지께서는 차를 드시고 할머니께서는
커피를 드셨어요.

(6) 아버지께서는 의사셨고 어머니께서는 선생
님이셨어요.

9. (1) 저는 청소하고 빨래해요.
(2) 동생은 숙제하고 운동해요.
(3) 언니는 밥을 먹고 산책을 해요.
(4) 오빠는 산책을 하고 밥을 먹어요.
(5) 저는 쇼핑을 하고 영화를 봐요.
(6) 제 동생은 영화를 보고 쇼핑을 해요.

10. (1) 저는 운동하고 숙제했어요.
(2) 동생은 숙제하고 운동했어요.
(3) 언니는 밥을 먹고 산책을 했어요.
(4) 오빠는 산책을 하고 밥을 먹었어요.
(5) 저는 쇼핑을 하고 영화를 보았어요.
(6) 제 동생은 영화를 보고 쇼핑을 했어요.

▌어휘(2)(159쪽)▐

1. (1) 큰아버지
(2) 작은아버지
(3) 사촌오빠, 사촌언니, 나

2. (1) ① (2) ②
(3) ④ (4) ③

3. (1) 주무세요? (2) 계세요?
(3) 있으세요? (4) 드세요?

▌문법(2)(161쪽)▐

1. (1) 이 건물이 저 건물보다 더 높아요.
(2) 이 옷이 저 옷보다 더 비싸요.
(3) 아버지께서 어머니보다 더 바쁘세요.
(4) 저는 오빠보다 한국어를 더 잘해요.
(5) 올해는 작년보다 더 더워요.

2. (1) 동생이 저보다 더 커요.

(2) 저 책상이 이 책상보다 더 무거워요.

(3) 저 건물이 이 건물보다 더 높아요.

(4) 주스가 우유보다 더 많아요.

(5) 그저께가 어제보다 더 더웠어요.

3.

기본형	-ㅂ니다	-아/어요	-았/었어요
배고프다	배고픕니다	배고파요	배고팠어요
나쁘다	나쁩니다	나빠요	나빴어요
모으다	모읍니다	모아요	모았어요
바쁘다	바쁩니다	바빠요	바빴어요
아프다	아픕니다	아파요	아팠어요
기쁘다	기쁩니다	기뻐요	기뻤어요
예쁘다	예쁩니다	예뻐요	예뻤어요
슬프다	슬픕니다	슬퍼요	슬펐어요
끄다	끕니다	꺼요	껐어요
쓰다	씁니다	써요	썼어요
크다	큽니다	커요	컸어요

4. (1) 배고파요 (2) 모아요

(3) 바빠요 (4) 예뻐요

(5) 아팠어요 (7) 슬펐어요

(8) 컸어요 (9) 썼어요

(10) 껐어요?

5. (1) 지금 안 바빠요. (2) 지금 배가 안 고파요.

(3) 지금 불을 꺼요. (4) 어제 슬펐어요.

(5) 어제 편지를 썼어요.

(6) 아주 기뻤어요.

6. (1) 이 식당 음식이 참 맛있네요.

(2) 정말 예쁘네요.

(3) 김치찌개가 조금 맵네요.

(4) 가족이 많네요.

(5) 남자 친구가 멋있네요.

(6) 아주 아름다우시네요.

1. (1) ③ (2) ② (3) ② (4) ③

2. (1) ③ (2) ③ (3) ① (4) ②

1. (1) 아들 2명, 딸 1명

(2) 일흔이세요 / 70세이세요

(3) 연세 (4) ①

2. (1) 생신 (2) ② (3) ①

1. 생략 **2.** 생략

8과

1. (1) 공사일-오삼공에 삼일일사

(2) 공이 - 칠공구에 구일일사

(3) 일일사

(4) 공사일 - 오사오에 삼팔사사

(5) 일오칠칠에 팔공공공

(6) 생략

2. (1) 걸었어요.

(2) 통화 중이었어요.

(3) 전화를 받았어요.

(4) 전화를 바꿔 주었어요.

(5) 전화를 끊었어요.

3. (2) 남겨 (3) 꺼

(4) 보냈어요. (5) 눌렀어요.

4. (1) 네, 그런데요

(2) 김 선생님 댁이지요?

(3) 좀 바꿔 주세요.(부탁합니다.)

(4) 전화번호 좀 가르쳐 주세요.

(5) 전화 잘못 걸었습니다.

(6) 지금 안 계세요.(없어요.)

문법(1)(179쪽)

1. (1) 아름답지요? / 제주도가 아름다워요.

(2) 친절하지요? / 한국 사람이 친절해요.

(3) 맵지요? / 김치가 매워요.

(4) 쉽지요? / 한국어가 영어보다 쉬워요.

(5) 학생 식당이지요?

/ 여기가 학생 식당이에요.

(6) 덥지요? / 날씨가 더워요.

2. (1) 불을 꺼 주세요.

(2) 친구에게 전화를 걸어 주세요.

(3) 아이스크림을 사 주세요.

(4) 칠판에 써 주세요.

(5) 천천히 말해 주세요.

(6) 문을 닫아 주세요.

(7) 사진을 찍어 주세요.

3. (1) 꺼 주세요.   (2) 해 주세요.

(3) 닫아 주세요.   (4) 찍어 주세요.

(5) 넣어 주세요.   (6) 남겨 주세요.

(7) 가르쳐 주세요.

4. (1) 내일 집에 있을 거예요/겁니다.

(2) 저는 불고기를 먹을 거예요/겁니다.

(3) 이제 담배를 피우지 않을 거예요/겁니다.

(4) 제가 책을 읽을 거예요/겁니다.

(5) 선생님 수업을 잘 들을 거예요/겁니다.

(6) 오늘 저녁은 제가 살 거예요/겁니다.

(7) 오늘 오후에 친구를 만날 거예요/겁니다.

5.

기본형	-습니다	-아/어요	-(으)세요
살다	삽니다	살아요	사세요
울다	웁니다	울어요	우세요
날다	납니다	날아요	나세요
달다	답니다	달아요	*다세요
걸다	겁니다	걸어요	거세요
알다	압니다	알아요	아세요
팔다	팝니다	팔아요	파세요
놀다	놉니다	놀아요	노세요
만들다	만듭니다	만들어요	만드세요

6. (1) 어제 누구랑 같이 점심을 먹었어요?

(2) 동동 씨는 마이클 씨랑 같이 등산 했어요.

(3) 내일은 민준 씨랑 오겠습니다.

(4) 슈퍼마켓에서 물이랑 과일이랑 치약을 샀어요.

(5) 오늘 아침에 빵이랑 과자를 먹었어요.

어휘(2)(185쪽)

1. (1) ③ 국가 번호   (2) ④ 지역 번호

(3) ⑤ 전화번호   (4) ② 휴대폰

(5) ① 국제전화

2. (2) ④ 잠깐만 기다리세요.

(3) ① 네, 저예요.

(4) ⑤ 전화 잘못 거셨습니다.

(5) ② 전화번호 좀 가르쳐 주세요.

(6) ⑥ 통화 중이에요.

문법(2)(187쪽)

1. (1) 일찍 올 거예요/겁니다.

(2) 다시 전화할 거예요/겁니다.

(3) 식사를 할 거예요/겁니다.

(4) 많이 할 거예요/겁니다.

(5) 약을 먹을 거예요/겁니다.

(6) 한국어로 말할 거예요/겁니다.

2. (1) 거셨습니다.　　(2) 아세요?

(3) 답니다.　　(4) 팝니까?

(5) 만들 거예요.

3. (1) 친구랑 운동을 했어요.

(2) 빵이랑 우유를 먹었어요.

(3) 부모님이랑 같이 등산했어요.

(4) 여자 친구랑 같이 올 거예요.

(5) 물이랑 과일이랑 치약을 샀어요.

▌듣기(190쪽)▌

1. (1) 02-756-1351

(2) 041-530-7785

(3) 010-7766-5421

2. (1) 흐엉 씨는 영화관에 전화하고 싶었어요.

(2) 식당에 전화했어요.

(3) 350-6642

3. (1) 마이클 씨는 내일 쇼핑을 가고 싶어 해요.

(2) 지선 씨 집에 전화했어요.

(3) 지선 씨 동생이 전화를 받았어요.

(4) 마이클 씨는 옷하고 친구 선물을 사고 싶어
해요.

(5) 네, 지선 씨는 내일 시간이 있어요.

(6) 마이클 씨와 지선 씨는 내일 2시에 동대문
지하철역에서 만나요.

(7) ① ×　② ×　③ ×　④ ○　⑤ ○

▌읽기(192쪽)▌

1. (1) ×　　(2) ○

(3) ○　　(4) ○　　(5) ○

2. (1) 솔롱고 씨가 흐엉 씨에게 전화했어요.

(2) 그때 흐엉 씨는 친구와 같이 이야기했어요.

(3) 솔롱고 씨는 내일 등산을 가고 싶어 해요.

(4) 내일 오전 9시에 학교 정문 앞에서 만나요.

▌쓰기(194쪽)▌

1. 생략

2. 생략